VOLVO PENTA MD5A, B, C

Werkstatthandbuch

VOLVO PENTA MD5A, B, C

Werkstatthandbuch

ISBN/EAN: 9783954275045
Erscheinungsjahr: 2012
Erscheinungsort: Bremen, Deutschland

© *maritimepress in Europäischer Hochschulverlag GmbH & Co. KG, Fahrenheitstr. 1, 28359 Bremen. Alle Rechte beim Verlag und bei den jeweiligen Lizenzgebern.*

www.maritimepress.de | office@maritimepress.de

Bei diesem Titel handelt es sich um den Nachdruck eines historischen, lange vergriffenen Buches. Da elektronische Druckvorlagen für diese Titel nicht existieren, musste auf alte Vorlagen zurückgegriffen werden. Hieraus zwangsläufig resultierende Qualitätsverluste bitten wir zu entschuldigen.

VOLVO PENTA MD5A, B, C

Werkstatthandbuch

Inhalt

Sicherheitsvorkehrungen 2
Allgemeine Informationen 5
Reparaturanweisungen 6
Vorstellung 8

ZERLEGUNG
Elektrische Anlage, Thermostatgehäuse, Zylinderkopf 9
Schwungrad, Einspritzpumpe 10
Ölwanne, Steuergehäusedeckel, Drehzahlregler 11
Antriebsflansch, Ölpumpe 12
Nockenwelle, Kolben, Kurbelwelle 13
Zylinderlaufbuchsen, Nockenwellenlager 14

ÜBERHOLUNG
Ölpumpe 14
Seewasserpumpe 17
Förderpumpe 18
Kraftstoffilter, Kurbelwelle, Fliehkraftregler 20
Kolben 21
Zylinderkopf, Ventilführungen 22
Düsenhalterhülse 23
Ventile, Ventilsitzringe, Kipphebelmechanismus 24
Handstartmechanismus, Düsenhalter 25
Nockenwelle 26

ZUSAMMENBAU
Zylinderlaufbuchsen, Kurbelwelle 27
Kolben, Nockenwelle, Drehzahlregler 28
Steuergehäusedeckel 29
Einstellung des Regelstangenweges 30
Ölpumpe, Schwungradgehäuse, Ölwanne 31
Zylinderkopf, Förderpumpe, Kraftstoffilter 32
Düsenhalter, Thermostat, Antriebsflansch 33
Schwungrad, Generator, Einstellen der Ventile, Kontrolle des Einspritzbeginnes 34
Entlüftung der Kraftstoffanlage 36

Elektrische Anlage, Elektrischer Schaltplan 37
Störungssuchplan 38
Spezialwerkzeug 39
Technische Daten 41
Quer- und Längsschnittzeichnungen 45

Sicherheitsvorkehrungen

Einleitung

Dieses Werkstatthandbuch enthält technische Daten, Beschreibungen und Reparaturanweisungen für die über dem Inhaltsverzeichnis aufgeführten Produkte oder Produktvarianten von Volvo Penta. Achten Sie darauf, daß die entsprechenden Werkstattunterlagen verwendet werden.

Lesen Sie vor Beginn der Arbeiten die Sicherheitsinformationen und im Werkstatt-Handbuch die Abschnitte „Allgemeine Informationen" und „Reparaturanweisungen" sorgfältig durch.

Wichtig!

In der vorliegenden Betriebsanleitung und auf dem Motor finden Sie die folgenden besonderen Warnsymbole.

VORSICHT! Nichtbefolgung der Anweisungen kann Verletzungen; große Sachschäden oder schwerwiegende mechanische Störungen zur Folge haben.

WICHTIG! Macht auf etwas aufmerksam, das Schäden, Störungen an Motor und seiner Ausrüstung sowie Sachschäden verursachen kann.

ACHTUNG! Macht Sie auf wichtige Informationen auf merksam, die die Arbeit oder Vorgänge erleichtern.

Unten sind die Gefahren und Sicherheitsvorkehrungen zusammengefaßt, die Sie bei Betrieb und Wartung des Motors immer beachten sollten.

 Legen Sie den Motor still, indem Sie die Stromversorgung zum Motor am Hauptschalter (bzw. den Hauptschaltern) ausschalten, und sperren Sie den bzw. die Schalter vor Beginn der Arbeit in der OFF-Position (AUS). Bringen Sie an der Motorsteuerung oder am Steuer einen Warnhinweis an.

 Im allgemeinen sind alle Wartungsarbeiten bei abgestelltem Motor auszuführen. Bei manchen Arbeiten (z.B. bei der Durchführung bestimmter Einstellungen) muß der Motor in Betrieb sein. Die Annäherung an einen laufenden Motor ist gefährlich. Lose Kleidung oder langes Haar können sich an rotierenden Teilen verfangen und zu schweren Verletzungen führen.
Bei Arbeiten in der Nähe eines laufenden Motors können achtlose Bewegungen oder ein fallengelassenes Werkzeug zu Verletzungen führen. Vermeiden Sie Verbrennungen. Treffen Sie Vorkehrungen zur Vermeidung heißer Flächen

(Abgasrohre, Abgasturbolader, Ladeluftleitungen und Startheizkörper usw.) und heißer Flüssigkeiten in Zuleitungen und Förderschläuchen bei Motoren, die noch in Betrieb sind oder unmittelbar vor Beginn der Arbeiten am Motor abgestellt wurden. Bringen Sie alle während der Wartung abgenommenen schützenden Teile wieder an, bevor Sie den Motor starten.

 Prüfen Sie, ob die Warn- oder Informationsaufkleber auf dem Produkt immer gut sichtbar sind. Ersetzen Sie beschädigte oder überlackierte Aufkleber.

 Zum Starten des Motors niemals Starthilfe-Spray oder ähnliches verwenden. Der Startheizkörper kann eine Explosion im Saugrohr verursachen. Verletzungsgefahr!

 Nehmen Sie niemals den Einfülldeckel des Motorkühlsystems (bei frischwassergekühlten Motoren) ab, wenn der Motor heiß ist. Es kann Dampf entweichen oder heißes Kühlmittel herausspritzen. Den Kühlmittel-Einfülldeckel vorsichtig öffnen, um den Druck abzulassen, und erst dann den Deckel vollständig entfernen. Äußerst vorsichtig vorgehen, wenn ein Ventil, eine Ablaßschraube oder eine Kühlmittelleitung von einem heißen Motor entfernt werden muß. Es ist kaum vorherzusagen, in welcher Richtung Dampf oder heißes Kühlmittel entweichen kann.

 Heißes Öl kann Verbrennungen verursachen. Hautkontakt mit heißem Öl vermeiden. Vergewissern Sie sich vor der Ausführung von Arbeiten an der Schmieranlage, daß sie nicht unter Druck ist. Den Motor niemals bei abgenommenem Öleinfülldeckel starten oder laufen lassen, weil Öl herausspritzen könnte.

 Stellen Sie den Motor ab und schließen Sie das Seeventil, bevor Sie Arbeiten am Motorkühlsystem durchführen.

 Starten Sie den Motor nur in einem gut belüfteten Bereich. Bei Betrieb des Motors in einem geschlossenen Raum dafür sorgen, daß die Abgase und die Emissionen der Kurbelgehäuseentlüftung durch geeignete Belüftung aus dem Arbeitsbereich geleitet werden.

Besteht Gefahr, daß absplitternde Metallteilchen, Schleiffunken und Spritzer aus Säuren oder anderen Chemikalien in die Augen gelangen, ist stets eine Schutzbrille zu tragen. Ihre Augen sind sehr empfindlich, und eine Verletzung kann zum Verlust des Augenlichts führen!

 Hautkontakt mit Öl vermeiden. Längerer oder wiederholter Kontakt mit Öl kann zum Verlust der natürlichen Hautöle führen, was wiederum Reizungen, trockene Haut, Ekzeme und andere Hautprobleme zur Folge haben kann. Altöl ist gesundheitsgefährdender als neues Öl. Tragen Sie Schutzhandschuhe, und vermeiden Sie ölgetränkte Kleidung und Lappen. Waschen Sie sich regelmäßig, besonders vor den Mahlzeiten. Verwenden Sie die richtige Schutzcreme, um trockene Haut zu verhindern und das Reinigen der Haut zu erleichtern.

 Die meisten chemischen Stoffe für die Produkte (Motor- und Getriebeöle, Glycol, Benzin und Dieselkraftstoff) oder für die Werkstatt (Lösungsmittel und Lacke) sind gesundheitsschädlich. Lesen Sie die Anleitung auf der Produktverpackung aufmerksam durch! Immer die Sicherheitsanweisungen befolgen (z.B. Verwendung von Atemluftgerät, Schutzbrille, Handschuhen). Sicherstellen, daß andere Mitarbeiter nicht ohne deren Wissen schädlichen Substanzen ausgesetzt sind, die sie z.B. einatmen. Für gute Belüftung sorgen. Gebrauchte und überschüssige chemische Stoffe vorschriftsgemäß lagern bzw. entsorgen.

 Alle Kraftstoffe und viele Chemikalien sind entflammbar. Sicherstellen, daß offenes Feuer oder Funken nicht zur Entzündung von Kraftstoff oder chemischen Stoffen führen können. Manche Lösungsmittel und Wasserstoff aus den Batterien sind mit bestimmten Luftanteilen sehr leicht entflammbar und explosiv. Rauchen ist verboten! Vor Beginn von Schweiß- oder Schleifarbeiten sicherstellen, daß gute Belüftung gewährleistet ist und die erforderlichen Sicherheitsvorkehrungen getroffen wurden. Am Arbeitsplatz muß immer ein Feuerlöscher griffbereit sein.

 Öl- und kraftstoffgetränkte Lappen und Kraftstoff- und Ölfilter sicher lagern. Unter bestimmten Bedingungen können sich ölgetränkte Lappen selbst entzünden. Gebrauchte Kraftstoff- und Ölfilter sind umweltschädlicher Müll und müssen zusammen mit Altöl, verunreinigtem Kraftstoff, Lackresten, Lösungsmitteln, Entfettungsmitteln und Waschabfällen bis zur Entsorgung an einem zulässigen Ort gelagert werden.

 Offene Flammen oder elektrische Funken stets von den Batterien fernhalten. In der Nähe der Batterien niemals rauchen. Aus den Batterien entweicht beim Laden Wasserstoffgas, das bei Vermischung mit Luft das hochexplosive Knallgas bilden kann. Dieses Gas ist leicht entzündlich und sehr flüchtig. Falsches Anschließen der Batterie kann zur Bildung eines Funkens führen, der schon eine Explosion mit entsprechenden Schäden verursachen kann. Bewegen Sie die Batterieanschlüsse beim Starten des Motors nicht (Funkengefahr), und beugen Sie sich nicht über die Batterien.

 Beim Einbau niemals Plus- und Minuspol der Batterien vertauschen, da dies ernstliche Schäden an der elektrischen Ausrüstung verursachen kann. Siehe Schalt- und Stromlaufpläne.

 Beim Laden und aller anderen Handhabung von Batterien immer eine Schutzbrille tragen. Der Batterieelektrolyt enthält äußerst aggressive Schwefelsäure. Kommt diese mit der Haut in Berührung, sofort mit viel Wasser und Seife abwaschen. Kommt Batteriesäure in die Augen, sofort mit reichlich Wasser spülen und medizinisch versorgen lassen.

 Vor der Ausführung von Arbeiten an der elektrischen Ausrüstung Motor abstellen und Strom an Batteriehauptschalter(n) ausschalten.

 Beim Heben der Antriebseinheit die Aufhängeösen am Motor/Wendegetriebe benutzen. Überprüfen Sie immer, ob die Hebeausrüstung in gutem Zustand ist und ausreichende Tragfähigkeit zum Heben des Motors besitzt (Motorgewicht mit eingebautem Wendegetriebe und etwaiger Zusatzausrüstung).

Um sichere Handhabung und Vermeidung von Schäden an den Komponenten oben am Motor sicherzustellen, einen Hebebalken verwenden. Alle Ketten und Seile müssen parallel zueinander und so rechtwinklig wie möglich zur Oberseite des Motors verlaufen.

Ist eine Zusatzausrüstung am Motor angebracht, die dessen Schwerpunkt verschiebt, ist eine besondere Hebevorrichtung erforderlich, um das richtige Gleichgewicht zur sicheren Handhabung herzustellen.

Führen Sie niemals Arbeiten an einem Motor aus, der an einer Hebevorrichtung hängt.

Schwere Teile niemals allein ausbauen, auch dann nicht, wenn eine sichere Hebeausrüstung, wie z.B. ein gesicherter Flaschenzug, verwendet wird. Selbst bei Einsatz einer Hebevorrichtung läßt sich die Arbeit am besten mit zwei Personen ausführen: die eine bedient die Hebevorrichtung und die andere darauf achtet, daß beim Heben keine Teile hängenbleiben und beschädigt werden. Bei Arbeiten an Bord sicherstellen, daß genügend Platz zum Ausbau von Teilen vorhanden ist, so daß keine Gefahr einer Verletzung oder Beschädigung besteht.

 Die Komponenten in der elektrischen Anlage, Zündanlage (Benzinmotoren) und Kraftstoffanlage von Volvo Penta Produkten sind so ausgelegt und gebaut, daß die Brand- und Explosionsgefahr so niedrig wie möglich ist. Der Motor darf nicht in Bereichen in Betrieb genommen werden, in denen explosive Stoffe gelagert sind.

 Benutzen Sie immer den von Volvo Penta empfohlenen Kraftstoff. Siehe Betriebsanleitung. Der Einsatz von Kraftstoffen minderer Qualität kann einen Motorschaden zur Folge haben. Bei einem Dieselmotor kann Kraftstoff schlechter Qualität zu Schwergängigkeit der Regelstange und Überdrehen des Motors führen, was wiederum zu Motorschaden und Verletzungen führen kann. Kraftstoff von schlechter Qualität kann auch höhere Wartungskosten verursachen.

Allgemeine Informationen

Informationen zu diesem Werkstatt-Handbuch

Das vorliegende Werkstatt-Handbuch enthält technische Daten, Beschreibungen und Anweisungen zur Reparatur der Standardausführung der Motoren MD5A–C. Im Werkstatt-Handbuch sind die Arbeitsgänge dargestellt, die bei allen oben aufgeführten Motoren durchzuführen sind. Aus diesem Grund gelten die Darstellungen und Abbildungen im Handbuch, die bestimmte Teile der Motoren zeigen, in manchen Fällen nicht für alle obigen Motoren. Die beschriebenen Reparatur- und Wartungsarbeiten sind jedoch in allen wesentlichen Einzelheiten gleich. Bei Abweichungen sind diese im Handbuch angegeben, und bei wesentlichen Unterschieden sind die Vorgänge getrennt beschrieben. Motorbezeichnungen und Motornummern sind auf dem Nummernschild aufgeführt. Bei allen Zuschriften an Volvo Penta wegen des Motors müssen Motorbezeichnung und Motornummer angegeben werden.

Dieses Werkstatt-Handbuch wurde vorwiegend für Volvo Penta Kundendienst-Werkstätten und qualifiziertes Personal geschrieben. Wer diese Anleitung benutzt, benötigt Vorkenntnisse über Schiffsantriebe und muß in der Lage sein, die damit verbundenen Arbeiten an Mechanik und Elektrik auszuführen.

Volvo Penta entwickelt ihre Produkte ständig weiter und behält sich daher das Recht auf Änderungen vor. Alle Angaben im vorliegenden Buch beruhen auf den zur Zeit seiner Drucklegung verfügbaren Produktdaten. Werden wesentliche Änderungen oder Modifikationen in die Produktion aufgenommen oder nach der Veröffentlichung Verfahren für den Kundendienst aktualisiert oder geändert, so werden diese in Service-Mitteilungen bekanntgegeben.

Ersatzteile

Ersatzteile für die elektrische Anlage und das Kraftstoffsystem unterliegen gesetzlichen Bestimmungen (z.B. den Sicherheitsbestimmungen der US-Küstenwacht). Originalteile von Volvo Penta erfüllen diese Bestimmungen. Schäden, die durch Einsatz von Ersatzteilen entstehen, die keine Volvo Penta Originalersatzteile für das Produkt sind, sind von der Gewährleistung durch Volvo Penta ausgeschlossen.

Reparaturanweisungen

Die im Service-Handbuch beschriebenen Arbeitsverfahren beziehen sich auf Arbeiten in einer Werkstatt. Der Motor wurde aus dem Boot ausgebaut und in einen Motorstand eingebaut. Falls nichts anderes angegeben, ist bei Überholungsarbeiten, die bei eingebautem Motor durchgeführt werden können, dasselbe Arbeitsverfahren anzuwenden.

Im Werkstatt-Handbuch verwendete Warnsymbole (für Bedeutung siehe *Sicherheitshinweise*)

 VORSICHT!

 WICHTIG!

ACHTUNG!

sind in keiner Weise vollständig, da unmöglich jeder Umstand vorhergesagt werden kann, unter dem Kundendienstarbeiten oder Reparaturen durchgeführt werden können. Aus diesem Grund können wir nur auf die Gefahren aufmerksam machen, die infolge falscher Arbeitsverfahren in einer gut ausgerüsteten Werkstätte, in der von uns entwickelte Arbeitsverfahren und Werkzeuge angewandt werden, auftreten können.

Alle Verfahren, für die im vorliegenden Werkstatt-Handbuch Spezialwerkzeuge von Volvo Penta aufgeführt sind, sind mit diesen auszuführen. Spezialwerkzeuge werden entwickelt, um Arbeitsverfahren zu rationalisieren und die Vorgänge möglichst sicher zu machen. Personen, die andere Werkzeuge und Arbeitsverfahren anwenden als die von uns empfohlenen, müssen sich deshalb vergewissern, daß von diesen keine Gefahr einer Verletzung, Beschädigung oder Störung ausgehen kann.

In einigen Fällen gibt es vielleicht zur Anwendung der im vorliegenden Werkstatt-Handbuch erwähnten Werkzeuge und chemischen Stoffe besondere Sicherheitsvorkehrungen und Anweisungen. Diese besonderen Anweisungen sind immer zu befolgen, wenn im Werkstatt-Handbuch keine separaten Anweisungen aufgeführt sind.

Bestimmte einfache Vorkehrungen und gesunder Menschenverstand können die meisten auftretenden Gefahren verhindern. Durch einen sauberen Arbeitsplatz und Motor läßt sich die Gefahr von Verletzungen und Störungen weitgehend verhindern.

Es ist von größter Wichtigkeit, daß bei Arbeiten an Kraftstoffanlage, Schmiersystem, Luftansaugsystem, Abgasturbolader, Lagern und Dichtungen kein Schmutz und keine Fremdkörper eindringen, da dies zu Störungen und verkürzter Lebensdauer führen kann.

Unsere gemeinsame Verantwortung

Jeder Motor besteht aus zahlreichen miteinander verbundenen Systemen und Komponenten. Weicht eine Komponente von ihren technischen Daten ab, kann die Umweltverträglichkeit eines ansonsten guten Motors wesentlich beeinträchtigt sein. Aus diesem Grund müssen unbedingt Verschleißtoleranzen eingehalten, einstellbare Systeme ordnungsgemäß eingestellt und Originalteile von Volvo Penta benutzt werden. Der Motorwartungsplan ist einzuhalten.

Einige Systeme, wie etwa die Komponenten in der Kraftstoffanlage, erfordern bei Kundendienst und Wartung besondere Sachkenntnis und besondere Prüfausrüstung. Einige Komponenten sind aus Gründen des Umweltschutzes werkseitig verplombt worden. Arbeiten an verplombten Komponenten dürfen nur von autorisierten Mechanikern ausgeführt werden.

Denken Sie daran, daß die meisten an Booten benutzten chemischen Stoffe bei falschem Einsatz umweltschädlich sind. Volvo Penta empfiehlt für die Reinigung von Motorkomponenten den Einsatz biologisch abbaubarer Entfettungsmittel, sofern im Werkstatthandbuch nichts anderes angegeben ist.
Bei Arbeiten an Bord besonders darauf achten, daß Öl und Abfälle ordnungsgemäß entsorgt werden und nicht versehentlich durch Abpumpen mit dem Bilgewasser in die Umwelt gelangen.

Anzugsdrehmomente

Anzugsdrehmomente für wichtige Verbindungen, die mit einem Drehmomentschlüssel anzuziehen sind, sind im Werkstatt-Handbuch unter „Technische Daten": „Anzugsdrehmomente" aufgeführt und in den Arbeitsbeschreibungen in diesem Handbuch enthalten. Alle Drehmomente beziehen sich auf gereinigte Gewinde, Schraubenköpfe und Berührungsflächen. Die Drehmomente gelten für leicht geölte oder trockene Gewinde. Sind bei einer Schraubverbindung Schmiermittel, Sicherungs- oder Dichtmittel erforderlich, so sind die entsprechenden Angaben in der Arbeitsbeschreibung und in „Anzugsdrehmomente" aufgeführt. Wenn für eine Verbindung kein Anzugsdrehmoment angegeben ist, sind die allgemeinen Anzugsdrehmomente gemäß der unten aufgeführten Tabelle anzuwenden. Die angegebenen Anzugsdrehmomente stellen eine Richtlinie dar, und die Verbindung muß nicht mit einem Drehmomentschlüssel angezogen werden.

Größe	Anzugsdrehmomente	
	Nm	lbt.ft
M5	6	4,4
M6	10	7,4
M8	25	18,4
M10	50	36,9
M12	80	59,0
M14	140	103,3

Anzugsdrehmomente - Anziehen über Drehwinkel

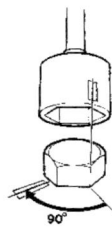

Beim Anziehen mit einer vorgschriebenen Drehmomenteinstellung und einem Drehwinkel zuerst mit einem Drehmomentschlüssel das empfohlene Drehmoment anwenden, dann zusätzlich über den empfohlenen Winkel anhand der Winkelmesserskala anziehen. Beispiel: Anziehen über 90° Drehwinkel bedeutet, daß die Verbindung nach Anwendung des vorgeschriebenen Anzugsdrehmoments in einem Arbeitsgang eine weitere Viertelumdrehung angezogen wird.

Sicherungsmuttern

Sicherungsmuttern, die beim Zerlegen entfernt wurden, dürfen nicht wiederverwendet werden, da ihre Lebensdauer bei einer Wiederverwendung verringert ist. Verwenden Sie beim Zusammenbauen oder Wiedereinbauen neue Muttern. Für Sicherungsmuttern mit einem Kunststoffeinsatz, wie z.B. Nylock®, wird das in der Tabelle angegebene Anzugsdrehmoment verringert, wenn die Nylock®-Mutter dieselbe Kopfhöhe aufweist wie eine Standard-Sechskantmutter ohne Kunststoffeinsatz. Verringern Sie für Schraubengröße 8 mm oder größer das Anzugsdrehmoment um 25%. Sind Nylock®-Muttern höher, oder haben sie dieselbe Höhe wie eine Standard-Sechskantmutter, gelten die in der Tabelle aufgeführten Anzugsdrehmomente.

Toleranzklassen

Schrauben und Muttern sind in verschiedene Festigkeitsklassen unterteilt, die durch eine Zahl auf dem Schraubenkopf angegeben werden. Eine große Zahl bedeutet festeres Material. Eine Schraube mit der Kennzeichnung 10-9 hat z.B. eine höhere Toleranz als eine mit der Kennzeichnung 8-8. Deshalb ist es wichtig, daß die beim Zerlegen einer Schraubverbindung entfernte Schrauben wieder an ihrer ursprünglichen Position eingeschraubt werden, wenn die Verbindung wieder zusammengebaut wird. Beim Ersetzen einer Schraube muß im Ersatzteilkatalog nachgesehen werden, um sicherzustellen, daß die richtige Schraube verwendet wird.

Dichtmittel

Bei den Motoren werden eine Reihe von Dicht- und Sicherungsmitteln verwendet. Diese Mittel haben unterschiedliche Eigenschaften und sind oft für unterschiedliche Verbindungsfestigkeiten, Betriebstemperaturbereiche, Beständigkeit gegen Öl und andere chemische Stoffe sowie für die verschiedenen Materialien und Spaltmaße in den Motoren bestimmt.

Um sicherzustellen, daß die Wartungsarbeit korrekt ausgeführt wird, ist bei der Verbindung ggf. unbedingt der richtige Dicht- und Sicherungsmitteltyp zu verwenden.

Wenn im vorliegenden Volvo Penta Service-Handbuch erwähnt wird, wo diese Mittel bei der Fertigung angewandt wurden, wird auch immer angegeben, welcher Typ am Motor verwendet wurde.

Verwenden Sie bei Wartungsarbeiten dasselbe Mittel oder ein entsprechendes von einem anderen Hersteller.

Vergewissern Sie sich vor dem Auftragen eines Dicht- oder Sicherungsmittels, daß die Gegenflächen trocken und frei von Öl, Fett, Lack und Korrosionsschutzmittel sind. Befolgen Sie immer die Gebrauchsanweisung des Herstellers im Hinblick auf Temperaturbereich und Härtungszeit sowie etwaige andere Anweisungen für das Produkt.

Bei den Motoren werden folgende zwei Grundtypen von Mitteln verwendet:

Kaltvulkanisierpaste (RTV-Paste). Einsatz für Dichtungen, Abdichtung von Dichtungsfugen oder Beschichten von Dichtungen. Kaltvulkanisierpaste ist deutlich sichtbar, wenn ein Teil ausgebaut wurde. Alte Kaltvulkanisierpaste ist zu entfernen, bevor die Verbindung wieder abgedichtet wird.

Altes Dichtmittel läßt sich stets mit Brennspiritus entfernen.

Anaerobe Mittel. Diese Mittel härten bei Nichtvorhandensein von Luft. Sie kommen zum Einsatz, wenn zwei feste Teile, z.B. Gußteile, ohne Dichtung aneinanderliegend eingebaut werden. Häufig werden sie auch zur Sicherung von Stopfen, Gewinden von Stiftschrauben, Hähnen, Öldruckwächtern usw. verwendet. Das gehärtete Material ist glasähnlich und deshalb zur Sichtbarmachung eingefärbt. Gehärtete anaerobe Mittel sind äußerst lösungsmittelbeständig, und das alte Mittel läßt sich nicht entfernen. Beim Einbauen wird das Teil sorgfältig entfettet, dann wird neues Dichtmittel aufgetragen.

Vorstellung

MD5A

1. Anschluß für Andrehkurbel (gew. Ausf.)
2. Öleinfüllstutzen, Motor
3. Thermostatgehäuse
4. Dekompressionshebel (gew. Ausf.)
5. Düsenhalter
6. Wasserablaßstopfen, Wendegetriebe
7. Ölablaßstopfen, Wendegetriebe
   (MD5C an der Backbordseite)
8. Wasserablaßstopfen, Motor
9. Öleinfüllung, Wendegetriebe
10. Ölmeßstab, Wendegetriebe
11. Seewasserpumpe
12. Kraftstoffilter
13. Sicherungskasten
14. Entlüftungsschraube
15. Handpumpe, Kraftstoff
16. Ölmeßstab, Motor
17. Ölmeßfilter

MD5B

MD5C

Zerlegung

Kühlwasser und Schmieröl des Motors sowie, wenn vorhanden, Kraftstoff aus Kraftstoffilter und Einspritzpumpe auslassen. Motor äußerlich säubern. Die Aufspannvorrichtung 884607 für Befestigung des Motors im Motorbock 9992520 wird empfohlen, siehe Abb. 2.

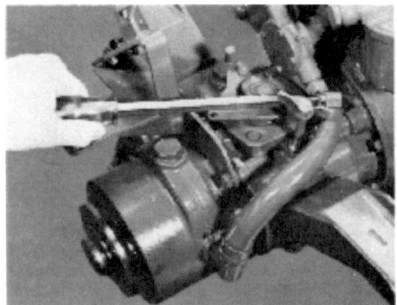

1. Kühlwasserschlauch zwischen Wendegetriebe und Seewasserpumpe lösen und Wendegetriebe ausbauen.

2. Generator mit Keilriemen, Anlasser, Kraftstoffilter und Kraftstoffpumpe mit Leckölrohr (auf ausströmenden Kraftstoff achten), Kühlwasserpumpe mit Rohr und Thermostatgehäuse, Ölmeßstab, Temperatur- und Öldruckgeber ausbauen. Ölfilter abschrauben und wegwerfen. Abgasrohrkrümmer ausbauen (Inbus 8 mm). ACHTUNG! Bei Anwendung der **Aufspannvorrichtung 884607** sind zuerst Generator, Anlasser, Förderpumpe mit Kraftstoffleitungen, Druckrohr vom Feinfilter, Hebeöse, Sicherungshalter und Ölmeßstab auszubauen. Die Aufspannvorrichtung wird an die Schraube der Hebeöse, die Schraube für den Sicherungshalter und eine Schraube für den Steuergehäusedeckel angeschlossen. Die letztere Schraube ist mit ein durchgehenden Schraube zu ersetzen.

3. Zylinderkopfhaube ausbauen (Inbus 5 mm), das Kraftstoffrohr zwischen Pumpe und Düsenhalter lösen und die Ventildrücke abschrauben (Inbus 6 mm). ACHTUNG! Die Ventilbrücke gerade hochziehen, diese ist mit einem Führungsstift 1 zentriert. Die Bohrung 2 ist ein Ölkanal, das Rohr 3 ist die Kurbelgehäusebelüftung.

4. Stoßstangen 1 herausheben, Zylinderkopf (Schlüsselgriff 15 mm) und Zylinderkopfdichtung ausbauen. Scheiben 2 unter den Muttern aufbewahren.

5. Schwungradmutter ausbauen, Schlüsselweite 55 mm. Einen Holzschaft o.ä. als Gegenhalter in den Schwungradspeichen anwenden. ACHTUNG! Die Schwungradmutter ist mit 500 Nm (50 kpm) angezogen.

7. **MD5A und B**. Deckel der Einspritzpumpe lösen (Inbus 6 mm). ACHTUNG! Der Träger der Kaltstartvorrichtung ist mit einer der Schrauben befestigt. Feder unter dem Deckel aufbewahren.

6. Werkzeug 884078 am Schwungrad einbauen. Danach die Zentrumschraube des Werkzeuges einschrauben, bis sich das Rad löst.

8. Mit einem Schraubenzieher das untere Kugelgelenk von der Pumpe abstemmen.

9. **MD5C.** Stopfen (1) für die Reglerfeder lösen (Schlüsselweite 20 mm). Feder unter dem Stopfen aufbewahren.

11. Ölwanne ausbauen (Inbus 5 mm). Steuergehäusedeckel ausbauen (13 Schrauben Inbus 6 mm). Die Hebeöse ist mit einer der Schrauben befestigt. Der Deckel wird durch Führungsstifte zentriert.

10. Schrauben der Pumpe lösen (Inbus 6 mm).
    MD5A und B. Zahnstange in Mittelstellung stellen und die Pumpe herausziehen.
    MD5C. Die Pumpe kann direkt herausgezogen werden. Der Reglerhebel ist als Gabel ausgeführt, an welche die Pumpe angeschlossen wird.

12. **MD5A und B.** Drehzahlregler durch Lösen der Inbusschraube 1 (3 mm) ausbauen, danach Regler mit Zahnrad gerade herausziehen.

15. **MD5A und B.** Ölpumpe ausbauen.

13. **MD5A und B.** Schraube, Sicherungsscheibe und die dicke Scheibe für den Antriebsflansch auf der Kurbelwelle ausbauen. Antriebsflansch mit einem Klauenabzieher abziehen, Unterlegscheiben anwenden. Danach Keil entfernen.

14. **MD5C.** Schraube, Sicherungsscheibe und dicke Scheibe für den Antriebsflansch von der Kurbelwelle ausbauen. Antriebsflansch mit Abziehvorrichtung 884078 abziehen, Unterlegscheiben verwenden. Die frühere Ausführung der Abziehvorrichtung 884078 (für das Schwungrad) kann angewendet werden, wenn drei Bohrungen 8,5 mm ausgebohrt werden (den Keilnutenflansch als Schablone anwenden). Danach Keil entfernen. Der Drehzahlregler mit Zahnrad kann nach Lösen der Inbusschraube 1 (3 mm) direkt herausgezogen werden.

16. **MD5C.** Ölpumpe und Ölrohr ausbauen.

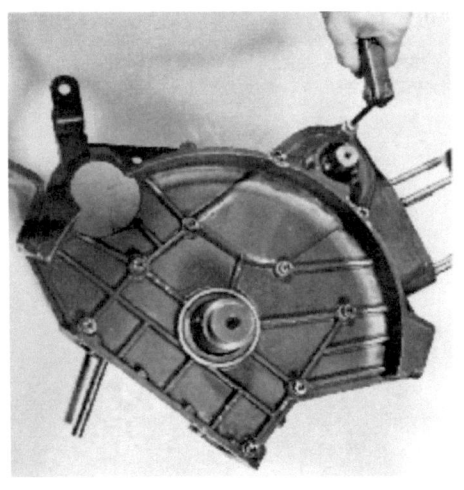

19. Lagerdeckel auf der Pleuelstange kennzeichnen und ausbauen. Kolben vorsichtig durch den Zylinder herausklopfen.

17. Deckel (an der Schwungradseite) ausbauen, 10 Schrauben (Insex 6 mm). Der Deckel ist mit Führungsstiften zentriert. Die Schrauben an den Führungsstiften sind mit dicken Scheiben versehen. Den Nutenring innerhalb des Dichtringes aufbewahren (MD5A und B).

18. Zahnrad an der Schwungradseite der Nockenwelle ausbauen (4 Schrauben), nur Handstartausführung. Danach die Nockenwelle herausziehen.

20. Kurbelwellenlagerdeckel ausbauen. Axiallager 1 auf der Steuerungsseite aufbewahren. Danach Kurbelwelle, Kurbelwellenlagerschalen und Axiallagerhälften herausheben.

Überholung

ÖLPUMPE
MD5A und B

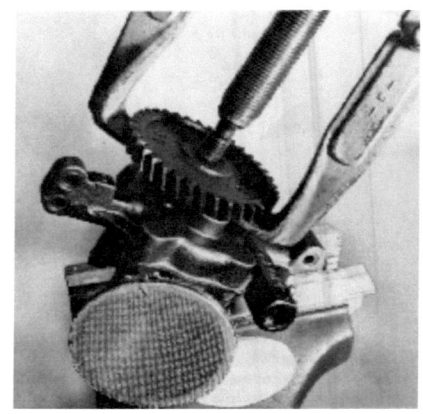

21. Lage der Laufbuchse im Zylinder kennzeichnen, beim Einbau muß die gleiche Lage erhalten werden. Zylinderlaufbuchse ausbauen. Werkzeug 884551 + 884231 (Schraube und Mutter) verwenden. O-Ring wegwerfen. O-Ringe im Block, die gegen die Laufbuchse abdichten, ausbauen und Ventilstößel herausnehmen. Alle Teile abwaschen, beschädigte Teile auswechseln.

23. **MD5A und B.** Zahnradmutter ausbauen, Zahnrad mit Abziehvorrichtung abziehen. Das Zahnrad sitzt auf einem Keil. Den Keil aufbewahren.

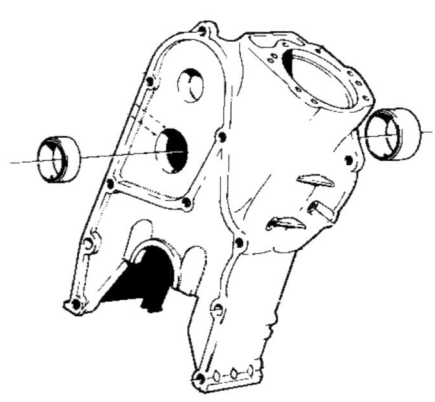

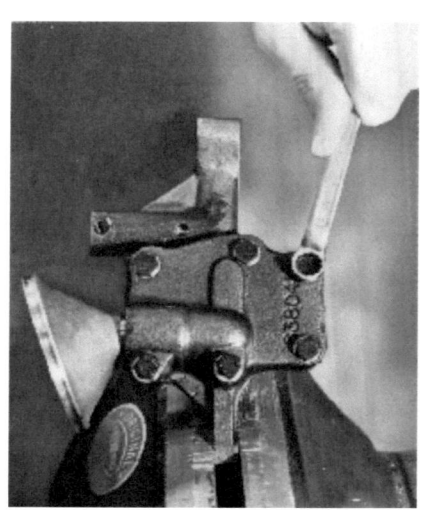

22. Nockenwellenlager auspressen, wenn diese beschädigt sind oder wenn der Verschleiß zu groß ist (siehe Technische Daten).

24. **MD5A und B.** Stahldraht, der das Sieb hält, lösen. Netz entfernen und säubern. Die sechs Halteschrauben des Deckels lösen.

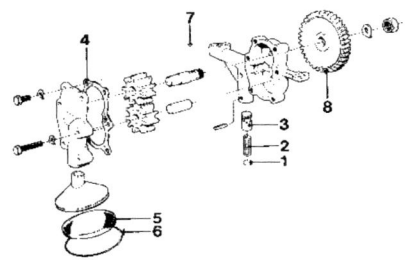

25. **MD5A und B.** Zahnräder aus dem Pumpengehäuse heben. Splint für das Reduzierventil entfernen. Scheibe 1, Feder 2 und Kolben 3 herausnehmen. Beschädigte Teile säubern und auswechseln.
Länge der Druckfeder (2) prüfen, siehe Technische Daten. Axialspiel der Zahnräder kontrollieren. Zulässiges Spiel einschl. Dichtung 0,01-0,13 mm (siehe Abb. 31). Zahnflankenspiel kontrollieren. Zulässiges Spiel 0,15-0,35 mm (siehe Abb. 30).
Danach die Ölpumpe in umgekehrter Reihenfolge einbauen. ACHTUNG! Eine neue Dichtung (4) zwischen Gehäuse und Deckel legen. Netz (5) mit Sicherungsdraht (6) festspannen, danach Keil (7) auflegen und Zahnrad (8) festziehen.
Öldruck bei der Probefahrt kontrollieren.

MD5C

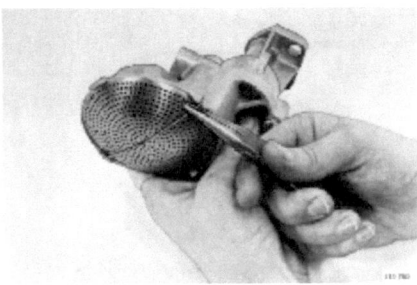

28. Führung (1), Druckfeder (2), Kolben (3) und die Zahnräder herausnehmen. Sämtliche Teile säubern, beschädigte und verschlissene Teile auswechseln.

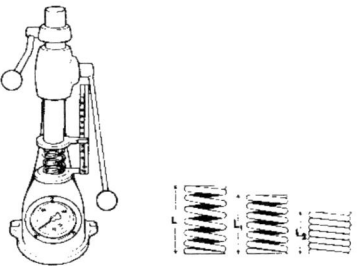

29. Die Feder für das Reduzierventil prüfen.
Prüfangaben:

L	Länge, unbelastet	39,2 mm
L_1	Länge belastet mit 50±4 N (5,0±0,4 kp)	26,25 mm
L_2	Länge belastet mit 70±8 N (7,0±0,8 kp)	21,0 mm

26. **MD5C.** Rohr von der Pumpe abnehmen, Haltbügel ausbauen, Sieb abnehmen.

27. Die vier Schrauben ausbauen und den Deckel abnehmen.

30. Zahnräder einbauen und das Zahnflankenspiel kontrollieren; dieses soll 0,15 bis 0,35 mm betragen. Verschlissene Zahnräder sind auszuwechseln.

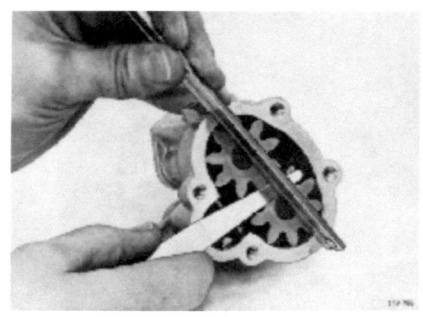

31. Axialspiel kontrollieren. Zulässiges Spiel 0,02-0,12 mm. Verschlissene Zahnräder auswechseln.

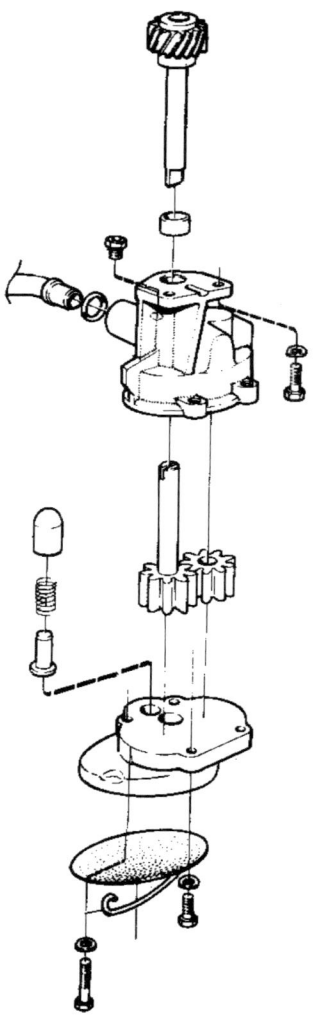

32. Zahnräder einbauen. Kolben, Druckfeder und Führung einigen, Deckel einbauen. Sieb und Sicherungsbügel einbauen.
ACHTUNG! Bei Auswechseln gegen eine komplette Ersatzpumpe ist folgendes zu beachten: Der Deckel der Ersatzteilpumpe paßt nicht, dieser ist gegen den gewinkelten Deckel auszuwechseln. Wenn der gewinkelte Deckel beschädigt ist, muß separat ein neuer, gewinkelter Deckel beschafft werden.
Öldruck bei Probefahrt kontrollieren.

ÜBERHOLUNG DER SEEWASSERPUMPE

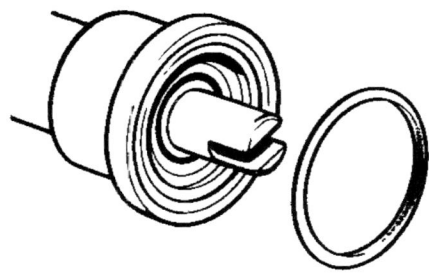

33. Die Seewasserpumpe ist von Typ Rundflanschpumpe, was bedeutet, daß sie in einer der Lage der Kühlwasserschläuche angepaßten Stellung eingebaut werden kann. Die Pumpe ist mit einem O-Ring versehen, der gegen den Motor abdichtet.

35. Schraube herausschrauben und Pumpenrad von der Weile abziehen. Sind auch die Dichtringe zu wechseln, kann die Welle mit Pumpenrad ganz herausgezogen werden, wonach die Schraube gelöst wird.

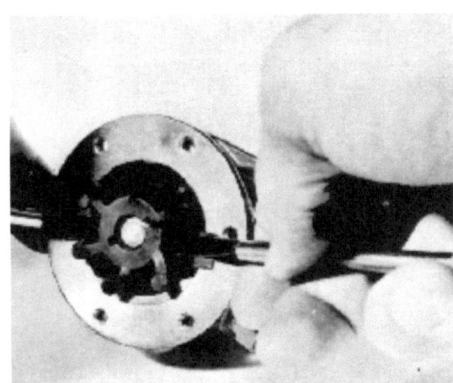

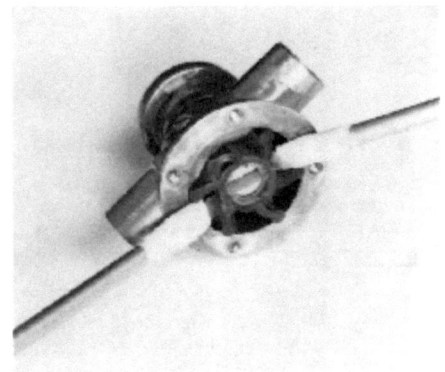

34. **Bis Motor-Nr. 15583**: Deckel lösen (6 Schrauben). Pumpenrad mit Hilfe von 2 Schraubenziehern auswechseln.
    ACHTUNG! Die Kanten auf dem Pumpengehäuse schützen. Siehe Abb. Pumpenrad mit den Schraubenziehern so weit herausschieben, bis die Schraube sichtbar wird.

36. **Ab Motor-Nr. 15584**. Deckel lösen. Das Rad kann wie im Bild gezeigt oder mit einer geeigneten Zange herausgezogen werden. ACHTUNG! Kante des Pumpengehäuses schützen. Die Welle folgt etwas mit, wird jedoch von einem Stift innerhalb der Dichtungen gehalten.

ÜBERHOLUNG DER FÖRDERPUMPE

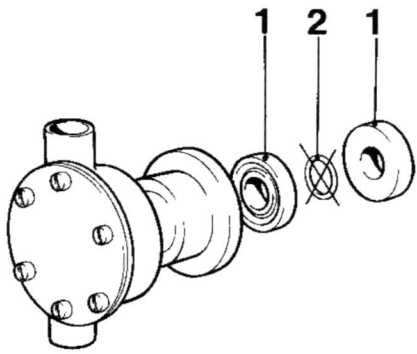

37. Dichtringe 1 und O-Ring 2 (frühere Motoren) ausbauen, Pumpengehäuse und Welle säubern. (ACHTUNG! Die Pumpe muß vom Motor ausgebaut sein.) Prüfen, daß die Welle keine Reifen aufweist. ACHTUNG! Neue O-Ringe (2) sind nicht einzubauen.

39. Auf den Pumpenhebel drücken (siehe Abb.). Wenn die Pumpe „knarrt", ist sie in Ordnung. Wenn nicht, ist die Membrane wie folgt auszuwechseln:

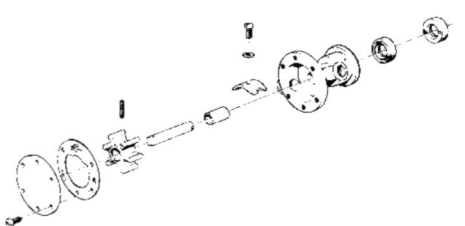

38. Neue Dichtringe einbauen. ACHTUNG! Die Dichtringe richtig wenden und darauf achten, daß sie nicht die Ablaßbohrung im Pumpengehäuse blockieren. Welle mit Fett bestreichen und vorsichtig im Gehäuse einbauen. Welle durch die Dichtringe schrauben, damit diese nicht beschädigt werden.
Bis Motor-Nr. 15583. Welle so weit in das Gehäuse einschieben, bis die Bohrung für die Schraube hervorsteht. Laufrad einbauen und Schraube einschrauben. Laufrad eindrücken.
Ab Motor-Nr. 15584. Die Welle hat eine Nut, die nach vorne offen ist, weshalb das Laufrad mit eingeschraubter Schraube eingebaut wird. Danach vorsichtig das Laufrad eindrücken, bis es anliegt.
Neue Dichtung auf den Deckel legen und den Deckel mit den 6 Schrauben anziehen. Die Mitnehmerschraube auf der Nockenwelle ist ebenfalls zu kontrollieren.

40. Zentrumschraube des Deckels lösen, Sieb 1 herausheben und säubern.

41. Die sechs Schrauben, die oberes und unteres Pumpengehäuse zusammenhalten, lösen. Feder 1 des Pumpenhebels herausnehmen, Schraube 2, die die Pumpenhebelachse hält, herausschrauben.

43. Schraube 1 lösen und den Handpumpenhebel 2 herausziehen. Feder 3 auswechseln, wenn diese gebrochen ist. ACHTUNG! Auf die Gummidichtung achten, die im Gehäuse eingepreßt ist.

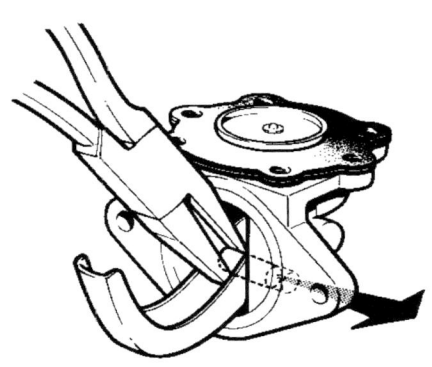 

42. Membrane niederdrücken und die Pumpenhebelachse mit einer geeigneten Zange ausbauen. Danach Membrane und Pumpenhebel herausziehen.

44. Pumpengehäuse sorgfältig säubern, verschlissene Teile auswechseln. Handpumpenhebel wieder einbauen. Membrane eindrücken und Pumpenhebel in der Membranenachse einrasten. Danach Achse einführen und mit der Schraube festziehen. ACHTUNG! Nicht die Scheibe auf der Schraube vergessen. Sieb auf das obere Gehäuse legen, Deckel mit Dichtung festschrauben. Pumpenhebel 3 eindrücken und die Gehäusehälften zusammenbauen. Befestigungsblech 1 für die Feder auf dem mechanischen Pumpenhebel 3 befestigen. ACHTUNG! Das Befestigungsblech kann nur auf eine Weise eingebaut werden. Danach Feder einbauen und O-Ring 4 aufsetzen, der gegen den Motorblock abdichtet.

KRAFTSTOFFILTER, AUSWECHSELN

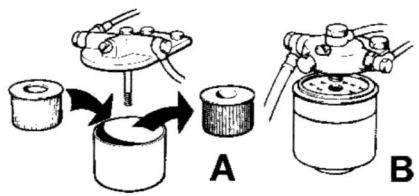

45. **Frühere Ausführung (A)**
    Zentrumschraube des Filters lösen und das Filter abheben (Wegwerftyp).
    Darauf achten, daß kein Kraftstoff ausströmt.
    Kontrollieren, daß Behälter und Anliegeflächen vollkommen sauber sind, und einen neuen Filtereinsatz mit fehlerfreier Dichtung einbauen.

    Spätere Ausführung (B)
    Filter abschrauben (Wegwerftyp), wenn erforderlich durch Einschlagen eines Schraubenziehers durch das Filter. **Darauf achten, daß kein Kraftstoff ausrinnet.** Kontrollieren, daß die Anliegefläche im Deckel vollkommen sauber und die Filterdichtung fehlerfrei ist. Das neue Filter von Hand anschrauben, bis die Dichtung am Deckel anliegt. Danach das Filter 1/2 Drehung anziehen.

47. Keil in die Keilnut auf der Kurbelwelle legen. Kurbelwellenrad auf etwa 100°C (nicht mehr) erhitzen und auf die Welle pressen. ACHTUNG! Marke auf dem Kurbelwellenrad nach außen wenden. Dichtungsring auf die Kurbelwelle setzen.

KURBELWELLE

FLIEHKRAFTREGLER

48. Regler säubern. Kontrollieren, ob die Gewichte 2 auf der Welle klemmen oder ob zu großes Spiel zwischen Welle und Fliehkraftgewicht vorhanden ist. **Danach überprüfen, ob der Stift 1 leicht auf der Welle gleitet.** Zuletzt die beiden Kugellager 3 überprüfen. Kugellager auswechseln, wenn sie klemmen, und überprüfen, daß alle beweglichen Teile leicht laufen. Teile schmieren und in umgekehrter Reihenfolge wieder einbauen.

46. Zahnrad ausbauen. Eine Presse oder einen Klauenabzieher anwenden. Kurbelwelle säubern, alle Lagerflächen kontrollmessen. Welle, wenn erforderlich, schleifen, siehe Technische Daten.

KOLBEN

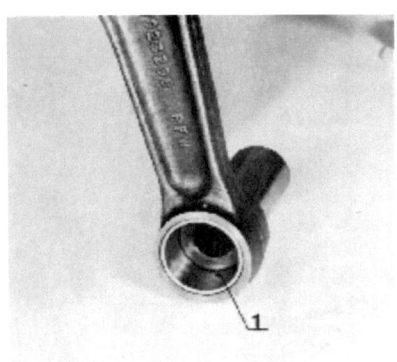

49. Kolbenringe mit Hilfe einer Kolbenringzange ausbauen. Kolben säubern, dabei besonders auf die Kolbenringnuten achten.

51. Buchse aus der Pleuelstange pressen, wenn sie verschlissen oder beschädigt ist. Eine neue Buchse in die Pleuelstange pressen. Darauf achten, daß die Schmierbohrung 1 in der Buchse gegenüber der Bohrung in der Pleuelstange liegt. Die Buchse auf genauen Laufsitz aufreiben oder diamantbohren. Kontrollieren, daß der Kolbenbolzen durch eigenes Gewicht durch die Buchse gleitet (siehe auch Technische Daten). Den einen Sicherungsring einbauen, Kolbenbolzen und Pleuelstangenbuchse einölen. Kolben auf etwa 70°C erhitzen, Kolben und Pleuelstange an Hand der Kennzeichnung zusammenbauen. ACHTUNG! Der Kolbenbolzen soll leicht eingepreßt werden können. Den anderen Sicherungsring einbauen.

50. Kolben und Pleuelstange kennzeichnen. Sicherungsringe entfernen. Kolbenbolzen mit einem Dorn herauspressen. Zur Erleichterung des Ausbaus kann auch der Kolben erhitzt werden.

52. Kolben mit Feinmesser kontrollieren. Rechtwinklig zum Kolbenbolzenauge an der Unterkante des Kolbens messen. Danach das Spiel der neuen Ringe in den Kolbenringnuten kontrollieren (siehe Technische Daten). Den Kolbenringspalt messen. Wenn die Laufbuchse nicht neu ist, soll die Messung in der unteren Totpunktlage durchgeführt werden, siehe Technische Daten.

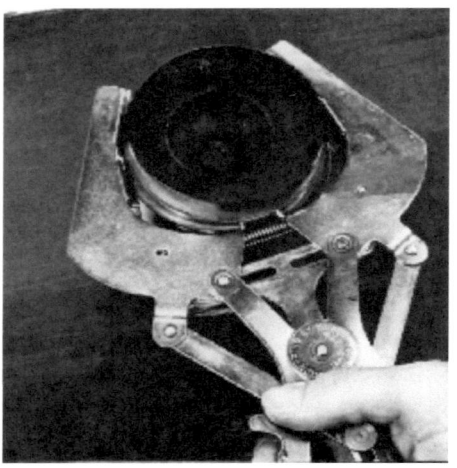

AUSWECHSELN VON VENTIL-FÜHRUNGEN

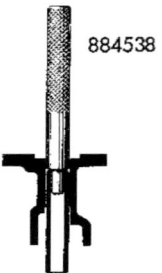

53. Kolbenringe mit Kolbenringzange einbauen. Zuerst den Ölabstreifring beliebig gewendet in die unterste Nut einsetzen. Danach den Verdichtungsring einbauen, die Kennzeichnung TOP soll nach oben zeigen. Der Kolbenring mit Chromeinlage wird beliebig gewendet und ganz oben eingebaut.

55. Bei zu großem Spiel zwischen Ventilschaft und Ventilführung ist die Ventilführung auszuwechseln, siehe Technische Daten. Die Ventilführungen mit Werkzeug 884538 herauspressen.

ZYLINDERBLOCK

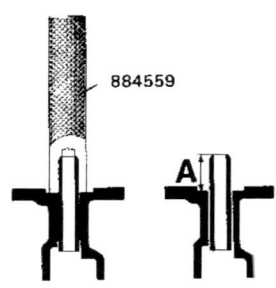

54. Ventilkeile und Ventilfedern mit einem Ventilbogen ausbauen. Ventile herausnehmen. Ventildichtung vom Einlaßventil abnehmen. Verbrannte Ventile wegwerfen, wenn der Verschleiß zu groß ist. Beschädigte Ventilsitze wann erforderlich abfräsen (siehe Technische Daten).

56. Neue Ventilführungen werden mit Werkzeug 884559 eingebaut. Presse verwenden. Das Werkzeug gibt der Führung die richtige Höhe über der Federauflagerfläche des Zylinderblokkes. Das Maß A kontrollmessen, dieses soll nach dem Einpressen 11±0,3 mm betragen.

DÜSENHALTERHÜLSE

Zuerst das Kühlwasser des Motors ablassen, wenn dies noch nicht erfolgt ist.

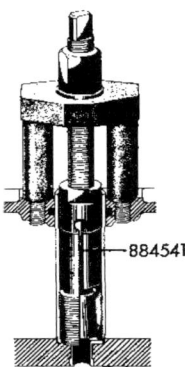

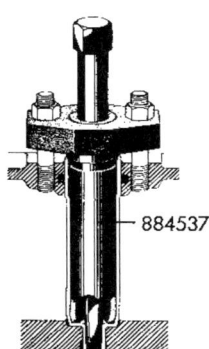

57. Den Düsenhalter mit Werkzeug 884541 ausbauen. Die Spreizschraube in die Hülse einführen und entgegen dem Uhrzeigersinn schrauben, bis die Schraube ausgespreizt und sich in der Hülse festgesetzt hat. So hart anziehen, daß das Gewinde in das Kupfer einschneidet. Danach das Joch über die Stiftbolzen, die die Hülse halten, setzen. Mutter aufschrauben und durchdrehen, bis die Hülse ausgebaut ist.

59. Aufdornwerkzeug 884537 einölen und das Werkzeug in die Hülse einschieben. Darauf achten, daß der Bolzen richtig zurückgeschraubt ist. Einige Muttern oder Scheiben auf die Stiftbolzen legen, damit das Joch mit den Befestigungsmuttern eingespannt werden kann. Dorn so weit einschrauben, wie es der Ansatz in der Hülse zuläßt. Hierbei wird die Hülse gedehnt. Werkzeug abnehmen.

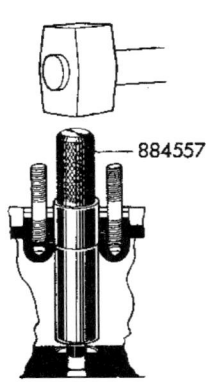

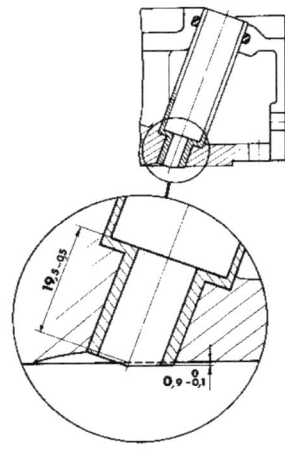

58. O-Ring zwischen Hülse und Zylinderkopf auswechseln. Abwaschen und trockenblasen und den neuen O-Ring vor dem Einbau in Seifenwasser tauchen. Die neue Hülse einölen und mit Werkzeug 884557 einbauen. Hülse einschlagen, bis sie anliegt.

60. Länge der Hülse oberhalb der Blockfläche auf 0,8-0,9 mm berichtigen und kontrollieren, daß die Hülse richtig eingebaut ist (Maß 19,0-19,5 mm).

EINSCHLEIFEN VON VENTILSITZRINGEN UND VENTILEN

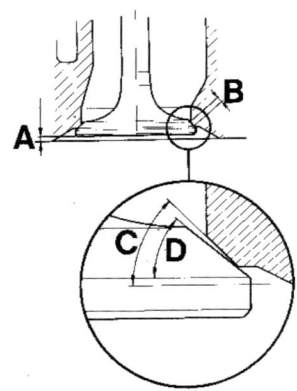

61. Ventilsitze mit Reibahle oder Schleifscheibe bearbeiten. Nur so viel abschleifen, daß der Sitz die richtige Form und eine gute Anliegefläche erhält. Der Sitzwinkel C soll 45° betragen. Breite B etwa 1 mm. Die Breite mit Reibahle 30° bzw. 60° oder mit Schleifscheibe herstellen. Ventilsitzwinkel D: 44,5°. Die Dichtfläche nur so viel abschleifen, daß sie „sauber" wird. Wenn weniger als 1 mm Kante am Ventilteller vorhanden ist, Ventil wegwerfen. Ventil mit verbogenem Schaft oder wenn das Maß A 2,5 mm überschreitet, ebenfalls wegwerfen. ACHTUNG! Wird dieses Maß auch bei neuem Ventil überschritten, ist der Zylinderkopf auszuwechseln. Die Ventile mit Schleifpaste einschleifen und die Anlage mit Markierfarbe prüfen.
Länge der Ventilfedern kontrollieren, siehe Technische Daten (Seite 42).

KIPPHEBELMECHANISMUS

62. Sicherungsring 1 auf der Kipphebelachse abnehmen und die Kipphebel 2 abnehmen. Teile säubern. Besonders auf die Ölkanäle 3 der Kipphebelachse und die Ölbohrung im Kipphebel achten, siehe auch Abb. 63.

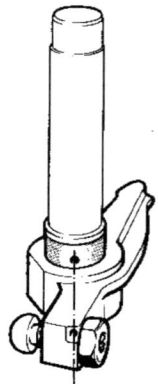

63. Verschleiß der Kipphebelachse prüfen. Auch überprüfen, daß der sphärische Bereich der Stellschraube nicht verformt oder verschlissen ist. Die Gewinde an Schraube und Sicherungsmutter sollen unbeschädigt sein. Die Anliegefläche der Kipphebel an den Ventilschaft darf weder verschlissen noch ausgehöhlt sein. Justieren in Schleifmaschine ist bei kleinerem Verschleiß möglich.
Unrund verschlissene Kipphebelbuchsen sind auszuwechseln. Aus- und Einpressen erfolgt mit Dorn 884560. Die Buchse einpressen, Ölbohrung in der gezeigten Lage. Nach dem Einpressen die Buchse auf leichten Schiebesitz aufreiben. Achse schmieren und Kipphebelmechanismus zusammenbauen.

64. Gummidichtung 1 auf dem Einlaßventil einbauen. Werkzeug 884497 verwenden. Die Ventilschäfte einölen, bevor diese in die jeweiligen Führungen gesetzt werden. Danach die Ventilfedern und Keile mit Ventilbogen einbauen.

DRUCKPRÜFUNG DER DÜSENHALTER

SCHWUNGRADGEHÄUSE MIT HANDSTARTMECHANISMUS

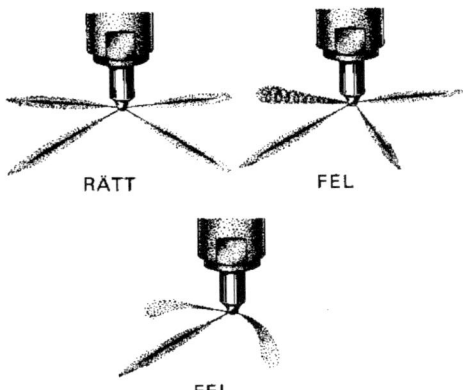

RÄTT   FEL

FEL

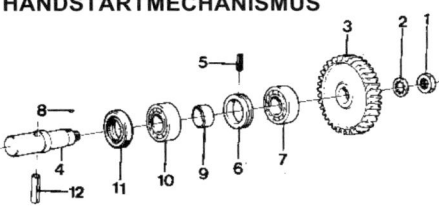

65. Die Strahlenform beim Öffnungsdruck 185 kp/cm^2 messen. Auch überprüfen, daß die Kraftstoffstrahlen gleichzeitig an allen vier Bohrungen aufhören und daß kein Nachtropfen vorkommt.

67. Mutter 1 und Scheibe 2 für das Zahnrad 3 der Handstartvorrichtung abschrauben. Danach das Zahnrad von Welle 4 abziehen. Welle aus dem Gehäuse schlagen. Sicherungsschraube 5 lösen, die die Distanzscheibe 6 hält, Distanzscheibe nach Entfernen des Kugellagers 7 herausschlagen, Keil 8 entfernen, Distanzring 9 abziehen und Kugellager 10 herauspressen, wonach Dichtring 11 abgezogen werden kann.
ACHTUNG! Wird nur der Dichtring 11 ausgewechselt, kann der Mitnehmerstift 12 aus der Welle geschlagen werden, wonach der Dichtring entfernt werden kann.

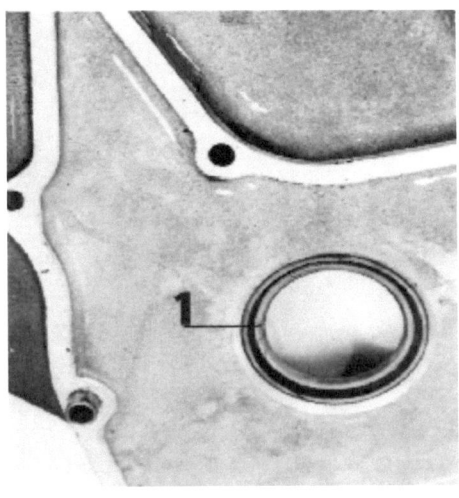

EINSTELLUNG DES ÖFFNUNGSDRUCKES

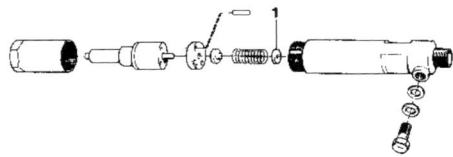

66. Der Öffnungsdruck wird mit Ausgleichscheiben 1 nachgestellt, die in Größen von 1 bis 1,95 mm mit 0,05 mm Unterschied zwischen den Scheiben vorhanden sind. Düsenhalter zerlegen und die Stellscheibe gegen eine dünnere oder dickere austauschen, je nachdem, ob der Druck verringert oder vergrößert werden soll. Düsenhalter zusammenschrauben, Öffnungsdruck und Strahlenform überprüfen. Die Einstellung fortsetzen, bis das gewünschte Ergebnis erhalten wird.

68. Beschädigte Teile auswechseln und Mitnehmerstift, Dichtring, Kugellager und Distanzring wieder auf der Welle einbauen. Distanzring im Schwungradgehäuse einbauen und mit der Sicherungsschraube festziehen. ACHTUNG! Darauf achten, daß die Nut des Distanzringes im Zentrum der Sicherungsschraube liegt. Welle im Gehäuse einbauen. Keil und danach das Kugellager auflegen. Zahnrad einbauen. Scheibe auflegen und die Mutter mit 45 Nm (4,5 kpm) anziehen. Dichtring 1 aus dem Schwungradgehäuse schlagen. Danach einen neuen Dichtring einpressen.

NOCKENWELLE

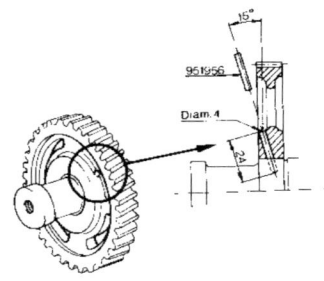

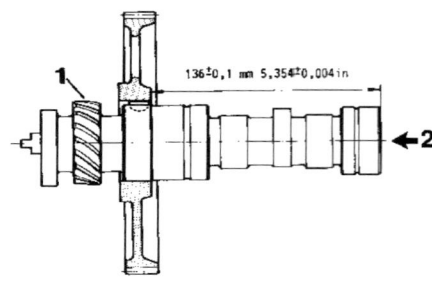

69. Wenn das Nockenwellenrad bei Motoren mit Motor-Nr. 100-1075 ausgewechselt werden muß, ist ein Sicherungsstift (951956) durch Nabe und Wellenzapfen einzubauen, siehe Bild.
Die Passung zwischen dem neuen Rad und der vorhandenen Nockenwelle wird so lose, daß dieser Stift erforderlich ist.
Beim gleichzeitigen Auswechseln von Nockenwelle und Nockenwellenrad ist kein Sicherungsstift erforderlich.

71. Wenn der Steuergehäusedeckel beschädigt ist und ausgewechselt werden muß, sind Nockenwelle und Nockenwellenrad auszuwechseln. Der Grund hierfür ist, daß der Axialführungsvorsprung im neuen Steuergehäusedeckel 3 mm kürzer ist, weshalb die Nockenwelle ein Axialspiel von 3 mm erhält.
Ab Motor-Nr. 1076 sind Nockenwelle, Nockenwellenrad und Steuergehäusedeckel separat austauschbar. Beim Auswechseln eines Nockenwellenrades dieser späteren Ausführung ist die Nockenwelle in Pfeilrichtung (2) aus dem Nockenwellenrad zu pressen.
Keil aufbewahren. Die Nockenwelle auf Verschleiß überprüfen, siehe Technische Daten. Den Keil in der Nockenwelle anbringen und das Nockenwellenrad aufpressen. Abstand vom Nockenwellenende zur Nockenwellennabe: 136±0,1 mm.
Die Nockenwelle bei MD5C hat ein zusätzliches Zahnrad (1), das die Ölpumpe antreibt.

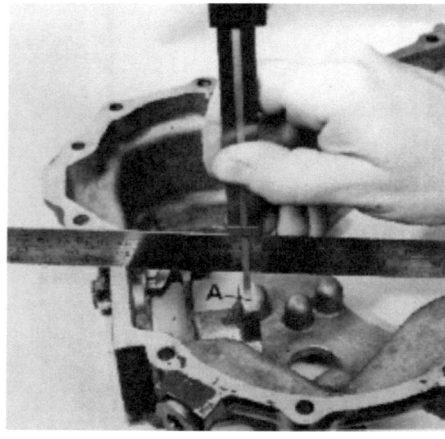

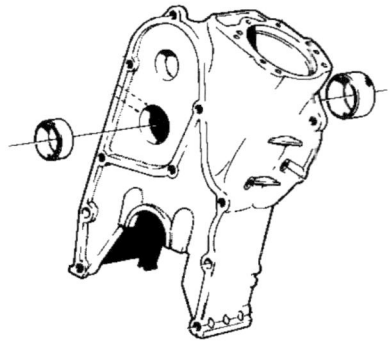

70. Das Auswechseln des Nockenwellenrades führt auch mit sich, daß der Steuergehäusedeckel bearbeitet werden muß, da das neue Nockenwellenrad stärker ist als das frühere Rad und nicht in den Deckel paßt. Der Axialführungsvorsprung A wird 3 mm von

$15 \begin{smallmatrix}+0,5\\+0,3\end{smallmatrix}$ mm auf $18 \begin{smallmatrix}+0,5\\+0,3\end{smallmatrix}$ mm abgefeilt

Bei Schäden an der Nockenwelle muß auch das Nockenwellenrad ausgewechselt werden. Dies führt mit sich, daß auch der Axialführungsbolzen auf dem Steuergehäusedeckel 1 abgefeilt werden muß.

72. Auswechseln der Nockenwellenlager. Die Lager herauspressen, wenn sie beschädigt sind, oder wenn der Verschleiß zu groß ist (siehe Technische Daten). Die Lagersitze säubern und kontrollieren, daß die Ölkanäle rein sind. Die neuen Lager so einpressen, daß die Ölbohrungen gegenüber der entsprechenden Ölkanäle im Block zu liegen kommen. Wenn die Lager in ihre Sitze eingepreßt sind, müssen sie aufgebohrt werden (siehe Technische Daten).

Zusammenbau

73. Die Laufbuchse in Hinsicht auf Schäden und Verschleiß kontrollieren. Den Durchmesser der Laufbuchse an mehreren Punkten diametral vom unteren bis zum oberen Totpunkt messen. Laufbuchse auswechseln, wenn der Verschleiß 0,25 mm oder mehr beträgt. Neuen O-Ring (1) im Block einbauen. ACHTUNG! Ab Motor-Nr. 4473 sind die O-Ringe von verschiedener Farbe. Der rote O-Ring ist in der unteren O-Ringnut im Zylinderblock einzubauen. Der schwarze O-Ring ist in der oberen O-Ringnut einzubauen. Danach einen neuen O-Ring (2) an der Zylinderlaufbuchse einbauen. Die O-Ringe einölen und die Laufbuchse so einbauen, daß die früher angebrachten Kennzeichnungen übereinstimmen. ACHTUNG! Vorsicht, damit die O-Ringe nicht beschädigt werden.

75. Kurbelwellenlagerhälften mit den Löchern für die Ölkanäle in den Block legen. Danach die Axiallagerhälften auflegen. Ölnuten 1 nach außen wenden.

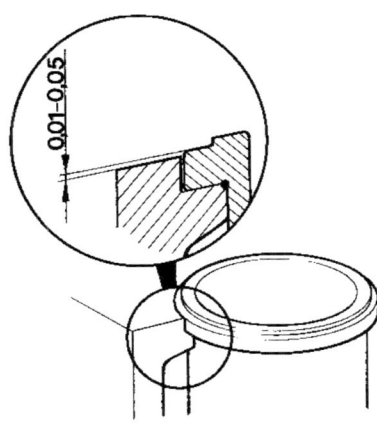

74. Wenn die Laufbuchse im Block eingebaut ist, wird die Höhe über der Blockfläche gemessen. Die Höhe muß zwischen 0,01 und 0,05 mm liegen, anderenfalls besteht Leckagegefahr.

76. Lagerhälften einölen und Kurbelwelle auflegen. Kurbelwellenlagerhälften in den Lagerdeckel einbauen. Axiallager mit Ölnuten nach außen gewendet anbringen. Lagerdeckel so einbauen, daß der abwärts gepreßte Streifen in der Lagerhälfte in die gleiche Richtung gedreht wird, wie der Streifen auf der Lagerhälfte im Block. Lagerdeckel mit 70 Nm (7 kpm) anziehen.

77. Verschleißkante in der Laufbuchse, wenn vorhanden, abputzen. Pleuellagerhälfte auf die Pleuelstange legen. Laufbuchse einölen und Kolben im Block einbauen. Kolbenringkompressor oder Werkzeug 9992176 verwenden. Kolben so drehen, daß die Wirbelkammer im Kolbenboden an der Düsenhalterseite liegt.

79. Nockenwelle mit Nockenwellenrad einbauen. Die Kennzeichnungen auf Kurbelwellenrad und Nokkenwellenrad sollen zu einander gerichtet sein. Mitnehmer für die Wasserpumpe mit 60 Nm (6 kpm) anziehen.

78. Eine Pleuellagerhälfte einölen und in den Pleuellagerdeckel legen. Die Kennzeichnung richtig wenden und den Lagerdeckel einbauen. Anzugsmoment 70 Nm (7 kpm).

80. Drehzahlregler einbauen. Mit der Inbusschraube an der Seite festziehen. ACHTUNG! Darauf achten, daß die Schraube in die Nut geht.

81. Zahnrad an der gegenüberliegenden Seite der Nockenwelle einbauen (nur Motoren mit Handstartvorrichtung).

83. **MD5C.** Eine neue Dichtung für den Steuergehäusedeckel auflegen. Hebeöse mit der obersten Schraube befestigen. Der Deckel wird komplett mit Kaltstart (8), Abstellvorrichtung (9), Reglerhebel (10), Antriebswelle und Ritzel der Ölpumpe (6) und Einspritzpumpe (3) eingebaut. Beim Einbau der Einspritzpumpe (Inbus 6 mm) wird der Stift (4) in die Gabel des Reglerhebels (5) eingebracht. ACHTUNG! Die Anschlagscheibe der Pumpe und Rolle (7) ist mit der Ausfräsung in Richtung Rolle zu wenden. Der Rollenhalter wird durch eine Schraube an der Seite des Steuergehäusedeckels (2, Abb. 84) gehalten. ACHTUNG! Rolle und Rollenwelle sind lose in der Pumpensteuerung eingebaut.

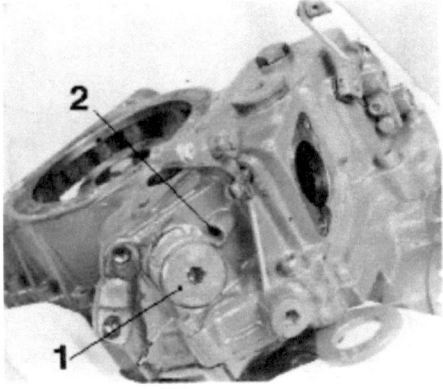

82. **MD5A und B.** Eine neue Dichtung für den Steuergehäusedeckel auflegen. Steuergehäusedeckel einbauen. Hebeöse mit der obersten Schraube befestigen.

84. **MD5C.** Antriebswelle und Ritzel der Ölpumpe können ausgebaut werden, nachdem der Stopfen (1) gelöst wurde (Inbus 10 mm). Pos. 2 ist die Schraube für den Rollenhalter der Einspritzpumpe.

GRUNDEINSTELLUNG DES REGLERSTANGENWEGES

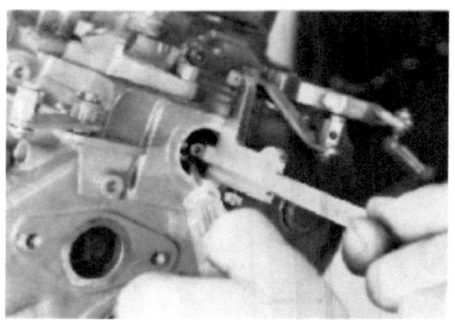

85. **MD5A und B**. Eine neue Dichtung auflegen und die Einspritzpumpe einbauen. Kugelgelenk auf den Reglerhebel drücken. Messen und kontrollieren, daß der Reglerstangenweg richtig eingestellt ist. Drehzahlhebel auf Vollgas stellen. Reglerhebel in Anschlaglage (vorwärts) drücken. Den Abstand von der Fläche des Steuergehäusedeckels bis zum Anliegepunkt der Stellschraube am Reglerhebel (1) messen. Von dem erhaltenen Maß 6 mm abziehen. Beispiel: Erhaltenes Maß 7,5 mm – 6 mm = 1,5 mm, dieses Maß ist das Einstellmaß für die Stellschraube im Deckel (siehe Punkt 86).

87. **MD5C**. Drehzahlhebel auf Vollgas stellen. Der Kaltstart darf nicht eingeschaltet sein. Den Reglerhebel in Anschlaglage (vorwärts) drücken. Den Abstand von der Fläche des Stopfens zur Anliegenase am Reglerhebel messen. Die Messung möglichst nahe bei der Kaltstartwelle durchführen. Danach den Reglerhebel mit einem geeigneten Werkzeug anziehen, z.B. 833839, MD17, bis die Nase auf die Stellschraube drückt. Den Abstand von der Stopfenfläche bis zur Nase am Reglerhebel nochmals messen. Der Unterschied zwischen der ersten und der zweiten Messung soll 6,5 mm betragen. Wenn erforderlich, Stellschraube einstellen (Inbus 2,5 mm). Eine Drehung der Schraube entspricht 0,8 mm.

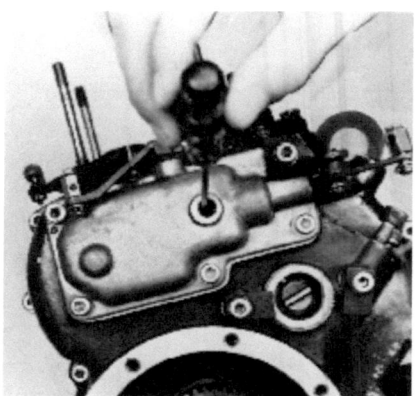

86. Stellschraube so einstellen, daß das Maß von der Deckelfläche einschl. Dichtung mit dem erhaltenen Einstellmaß übereinstimmt, siehe Punkt 85. Danach den Kaltstarthebel einbauen und den Deckel aufschrauben. Auf die Feder zum Regler achten.

88. Wenn der Motor unnormal raucht, oder die Drehzahl zu langsam ansteigt, kann der Stopfen am Deckel gelöst und die Stellschraube ein- bzw. ausgeschraubt werden, bis der Motor rauchfrei arbeitet, bzw. normal beschleunigt. ACHTUNG! Bei der Einstellung darf der Kaltstart nicht eingeschaltet sein. Die exakte Einspritzmenge kann nur durch Probefahrt in einem Prüfstand festgestellt werden.

Bezüglich der richtigen Einspritzmenge, siehe Technische Daten.

91. MD5C. Ölpumpe und Rohr einbauen. Neuen Dichtring und neue Dichtung anwenden.

89. Eine neue Dichtung auflegen und das Schwungradgehäuse einbauen. Vorsicht, damit nicht der Dichtring beschädigt wird. Überstehende Dichtung wegschneiden.

90. MD5A und B. Ölpumpe einbauen. Die Schrauben haben verschiedene Länge. Neue Dichtung anwenden.

92. Neue Flanschdichtung auflegen und Ölwanne einbauen. ACHTUNG! Bei früheren Motoren wurde eine Gummidichtung verwendet. Diese ist durch die Flachdichtung zu ersetzen.

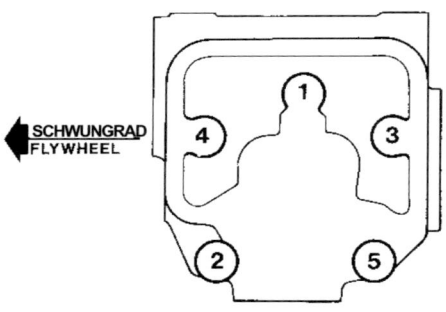

93. Ventilstößel einölen und einlegen. Danach die Zylinderkopfdichtung auflegen und den Zylinderkopf einbauen. Scheiben unter die Muttern legen und die Muttern in drei Stufen auf 70 Nm (7 kpm) anziehen, siehe Anzugsplan.
  1. Stufe: 10 Nm (1 kpm)
  2. Stufe: 40 Nm (4 kpm)
  3. Stufe: 70 Nm (7 kpm)

95. Gummidichtung des Ölfilters einölen. Ölfilter so weit aufschrauben, daß die Gummidichtung den Motor knapp berührt. Danach eine weitere halbe Drehung anziehen. ACHTUNG! Mit der Hand schrauben. Danach Förderpumpe einbauen. Neuen O-Ring zwischen Pumpe und Mutter verwenden.
Bei der Probefahrt kontrollieren, daß die Dichtung des Ölfilters dicht ist.

94. Stoßstangen einsetzen und Ventilbrücke einbauen. Kontrollieren, daß Führungsstift 1 im Zylinderkopf in die Bohrung in den Ventilbrücke eingreift. Die Bohrung 2 ist der Ölkanal, des Rohr 3 die Kurbelgehäuseentlüftung.

96. Kraftstoffilter einbauen. Dichtungsscheiben an beiden Seiten der Hohlschraube einlegen. Siehe auch Bild 45.

MD5A und BMD5C

97. Düsenhalter einbauen. Um zu verhindern, daß die Düsenhalter hängen bleiben, ist es wichtig, vor dem Einbau Rostschutzmittel einzuspritzen. Anzugsmoment: 8 Nm (0,8 kpm). Danach das Leckölrohr anschließen. ACHTUNG! Eine Dichtscheibe an beiden Seiten der Hohlschrauben einlegen.

99. Den Keil für den Antriebsflansch in die Keilnut der Kurbelwelle an der Wendegetriebeseite legen. Antriebsflansch auf etwa 150°C erhitzen und an der Welle einbauen. Antriebsflansch mit der großen Scheibe und der Sicherungsscheibe sichern. Die Schraube mit Drehmomentschlüssel anziehen. Anzugsmoment: 80 Nm (8 kpm) bei MD5A und B bzw. 70 Nm (7 kpm) bei MD5C. Gegenhalter anwenden. Danach die Sicherungsscheibe über dem Schraubenkopf falten.

KONTROLLE DES THERMOSTATS

98. Druckrohr, Temperatur- und Öldruckgeber anschließen.

100. Thermostat in warmes Wasser senken und mit einem Thermometer prüfen, ob der Thermostat bei der richtigen Temperatur öffnet und schließt. Der Thermostat soll bei 60±2°C zu öffnen beginnen und bei 75°C voll geöffnet sein. Fehlerhafte Thermostate sind auszuwechseln. Anliegefläche säubern und eine neue Gummidichtung 1 auflegen. Thermostat einsetzen und Thermostatgehäuse einbauen. Danach Wasserpumpe einbauen und Kühlwasserrohr anschließen.

EINSTELLUNG DER VENTILE

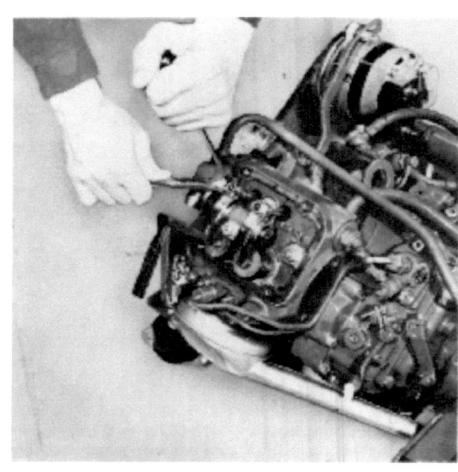

101. Keil für das Schwungrad in die Keilnut der Kurbelwelle legen. Schwungrad einbauen und festziehen. Einen Gegenhalter in den Speichen des Schwungrades verwenden. Anzugsmoment: 500 Nm (50 kpm). Schlüsselweite: 55 mm.

103. Schwungrad drehen, bis beide Ventile kippen. Das Schwungrad eine weitere halbe Drehung drehen und die Ventile einstellen. Spiel bei warmem Motor: 0,30 mm für Einlaßventil (Schwungradseite), 0,35 mm für Auslaßventil. Zylinderkopfhaube einbauen, neue Dichtung verwenden.

KONTROLLE DES FÖRDERBEGINNES

102. Anlasser und Generator einbauen. ACHTUNG! Distanzhülse richtig auf dem Generator anbringen und das Spanneisen festschrauben. Keilriemen auflegen und spannen, so daß er mit normalem Daumendruck etwa 3-4 mm eingedrückt werden kann.

104. Für die Kontrolle des Förderbeginnes wird ein Wilbärrohr verwendet. Wilbärrohr auf dem Druckrohrnippel einbauen.

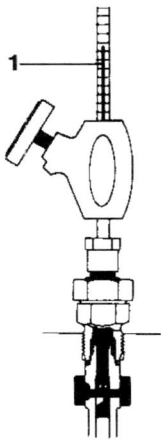 

105. Motor in Arbeitsrichtung durchdrehen, bis das Rohr 1 mit luftblasenfreiem Kraftstoff gefüllt ist.

107. Wenn der Förderbeginn nicht mit dem vorgeschriebenen Wert übereinstimmt, wird die Anzahl Dichtungen 1 zwischen Pumpengehäuse und Steuergehäusedeckel erhöht oder vermindert, bis der richtige Wert erhalten wird. Eine Dichtung gibt etwa 1° höheren oder niedrigeren Voreinspritzwinkel.

106. Standventil 1 auf dem Meßgerät öffnen, bis der Flüssigkeitsstand 25-30 mm vom unteren Ende entfernt liegt. Motor in Arbeitsrichtung durchdrehen, bis der Kraftstoff im Rohr zu steigen beginnt. Die Gradeinteilung auf dem Schwungrad soll jetzt auf 24-27° v.o.T. (MD5A und B) bzw. 24-25° v.o.T. (MD5C) stehen.

108. Abgaskrümmer und Wendegetriebe einbauen. Neue Dichtungen anwenden. Kontrollieren, daß der Gummidämpfer (MD5A und B) nicht beschädigt ist.

ENTLÜFTUNG DER KRAFTSTOFFANLAGE

Die Entlüftung geht wie folgt vor sich:
1. Entlüftungsschraube (1) auf dem Feinfilter lösen. Darauf achten, daß kein Kraftstoff ausströmt. Die Umgebung der Entlüftungsstelle mit z.B. Lappen trocken halten.
2. Kraftstoff mit der Handpumpe (2) vorpumpen, bis luftblasenfreier Kraftstoff austritt. Entlüftungsschraube schließen. Wenn die Pumpwirkung schlecht ist, wird der Motor etwas gedreht, damit der Antriebsnocken der Pumpe in eine andere Stellung kommt.

Entlüftungsschraube auf der Einspritzpumpe (3) öffnen und reinen Kraftstoff ohne Luft vorpumpen. Die Entlüftungsschraube schließen und die Schraube im Deckel (4), MD5A und B, bzw. die Schraube für die Rückleitung eine Drehung bei MD5C (gleiche Einbaustelle wie Schraube 4) öffnen.* Pumpen, bis luftblasenfreier Kraftstoff austritt, danach die Entlüftungsschraube bzw. die Schraube für die Rückleitung schließen. Druckrohrmutter des Düsenhalters (5) lösen und den Motor mit dem Anlasser durchdrehen, bis Kraftstoff an das Druckrohr kommt. Druckrohrmutter festziehen und Motor anlassen.

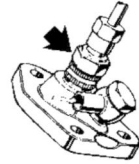

* Bei der früheren Ausführung sind keine Luftschrauben vorhanden. Hier wird die Druckventilverschraubung einige Drehungen gelöst. Zuerst die Druckrohrmutter öffnen. Die Druckventilverschraubung ist mit 35-40 Nm (3,5-4,0 kpm) anzuziehen.

Elektrische Anlage

WICHTIG

Für Motoren mit Drehstromgenerator gilt folgendes:

1. **Unterbrechen Sie nicht den Stromkreis zwischen Generator und Batterie bei laufendem Motor. Wenn ein Hauptschalter eingebaut ist darf dieser also nicht ausgeschaltet werden, bevor der Motor stillsteht.** Während des Betriebes dürfen keine elektrischen Kabel gelöst werden, nachdem auch dies den Reglerschalter zerstören kann.
2. Batterie, Batteriekabel und Polschuhe sind regelmäßig zu überprüfen. Die Batteriepole haben gut gereinigt zu sein. Die Polschuhe müssen stets gut festgezogen und gut eingefettet sein, damit keine Störungen entstehen. Alle übrigen Kabel sollen gut angezogen sein, lose Verbindungen dürfen nicht vorkommen. Achtung! Verwechseln Sie beim Einbau der Batterie nicht deren Plus- und Minuspol.
3. Bei Anlassen mit Hilfsbatterie ist zuerst zu überprüfen, daß die Hilfsbatterie die gleiche Netzspannung wie die Normalbatterie hat. Die Hilfsbatterie an die Normalbatterie anschließen, und zwar mit Plus an Plus und Minus an Minus. Nach Anspringen des Motors die Hilfsbatterie entfernen. ACHTUNG! Der Stromkreis zu der normalen Batterie darf auf keinen Fall unterbrochen werden.
4. **Bei Elektroschweißen an Motor oder installierten Teilen sind die Leitungen zum Reglerschalter zu lösen und zu isolieren. Die beiden Batterie-Polschuhe sind abzunehmen.**
5. Bei Reparaturen an der Generatorausrüstung sind immer zuerst die Batteriekabel abzunehmen. Dies ist auch bei Schnelladen der Batterie vorzunehmen.
6. Prüfen Sie nie mit einem Schraubenzieher od. dgl. an einem Anschluß, um zu sehen, ob Funken entstehen.

ELEKTRISCHER SCHALTPLAN

Erklärung

1. Schalter für Zusatzausrüstung
2. Ladestrom-Kontrolleuchte
3. Warnleuchte, zu hohe Temperatur
4. Warnleuchte, zu niedriger Öldruck
5. Schlüsselschalter
6. Sirene
7. Alarmeinheit
8. Ladestrom-Kontrolleuchte (für 2. Batteriekreis, Zusatzausrüstung)
9. Platz für Instrumente. Zusatzausrüstung
10. Steckverbinder
11. Anlasser
12. Drehstromgenerator
13. Sicherungsdose
14. Hauptschalter
15. Batterie
16. Temperaturgeber
17. Öldruckgeber

Kabelkennzeichnungen

Bez.	Farbe	mm²	AWG
A	Weiß	6	9
B	Schwarz	1,5	15
B'	Schwarz	0,6	19
B"	Schwarz	0,75	18
C	Rot	6	9
C'	Rot	35	1
C"	Rot	0,6	19
F	Gelb	1,5	15
G	Braun	1,5	15
H	Blau	4	11
H'	Blau	35	1
I	Grün/Rot	1,5	15
I'	Grün/Rot	0,75	18
J	Grün	1,5	15
J'	Grün	0,6	19
J"	Grün	0,75	18
K	Blau/Gelb	0,75	18
L	Weiß/Rot	0,75	18
M	Blau/Rot	0,75	18

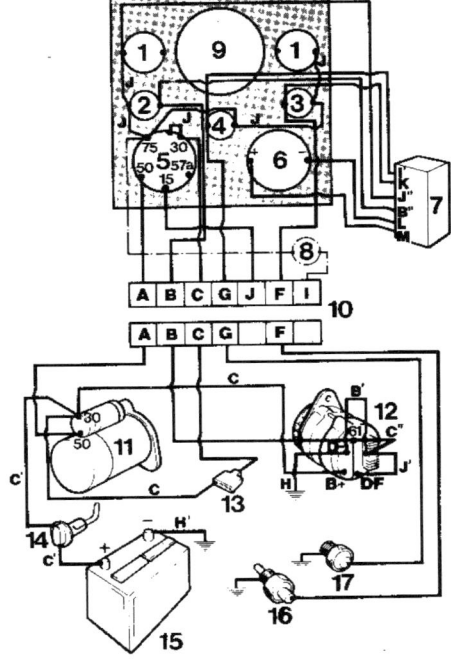

Störungssuche

In dem nachstehenden Störungssuchplan sind nur die häufigsten Ursachen von Betriebsstörungen enthalten.

A. Ladezustand der Batterie mit einem Säureprüfer, der das spezifische Gewicht der Batterieflüssigkeit anzeigt, überprüfen. Dieser Wert variiert mit dem Ladezustand, siehe Technische Daten und Elektrische Anlage, Seite 37.

B. Kraftstoffilter wechseln, siehe Seite 20.

Deckel zur Förderpumpe ausbauen und das Vorfilter in Dieselöl säubern. Danach Filter mit den Bolzen nach oben zeigend einbauen, die Dichtung (unbeschädigt!) auflegen und den Deckel festziehen. Kraftstoffanlage entlüften (Seite 36).

Bei zusätzlichen Kraftstoffiltern ist die gleiche Kontrolle durchzuführen, bzw. Schmutz und Wasser abzulassen. Auf ausströmenden Kraftstoff achten.

C. Düsenhalter auf Öffnungsdruck, Dichtheit und Strahlenform überprüfen. Diese Prüfung ist nach höchstens 400 Betriebsstunden oder einmal je Saison durchzuführen, siehe Seite 25.

D. Um optimale Sparsamkeit im Betrieb zu erhalten, soll die Motordrehzahl bei Dauerfahrt mindestens 300 U/min unter der erreichten Höchstdrehzahl liegen. Achtung! Wenn das Boot längere Zeit im Wasser gelegen hat, kann die Höchstdrehzahl des Motors aufgrund von Bewuchs an der Außenseite des Bootsbodens sinken. Verwenden Sie bewuchshindernde Bodenfarbe. Der Bootsboden ist regelmäßig zu überprüfen und zu säubern.

E. Kontrollieren, daß die Propellerblätter unbeschädigt sind. In Schadensfällen ist der Propeller auszuwechseln. Ein Propellerblatt kann auch schief (verdreht) sein, was sehr schwer zu entdecken ist. Legen Sie den Propeller auf eine ebene Platte und messen Sie die Blätter. Der Propeller soll ausgewechselt werden, wenn ein Blatt schief ist.

F. Kühlanlage auf Leckage, Verstopfung usw. überprüfen. Überprüfen, daß der Thermostat bei der richtigen Temperatur öffnet. Der Thermostat kann nach Ausbau des Thermostatgehäuses gelöst werden, siehe auch Punkt 33.

Das Laufrad der Seewasserpumpe ist aus Neoprene-Gummi hergestellt, das bei Wassermangel, z.B. bei blockiertem Seewassereinlaß, beschädigt werden kann. Auswechseln von Pumpenrad und Dichtringen, siehe Seite 17. ACHTUNG! Liegt das Boot im Wasser, muß der Bodenhahn vor Ausbau der Seewasserpumpe geschlossen werden. Vergessen Sie nicht, den Hahn wieder zu öffnen.

Motor springt nicht an	Motor stirbt ab	Richtige Betriebsdrehzahl wird bei Vollgas nicht erreicht	Motor läuft unregelmäßig und vibriert unnormal	Motor wird unnormal warm	URSACHE	Anm.
x					Hauptschalter nicht eingeschaltet, entladene Batterie, Abbruch in Kabeln.	Siehe Punkt A
x	x				Leerer Kraftstofftank, geschlossener Kraftstoffhahn, blockiertes Kraftstoffilter	Siehe Punkt B
x	x		x		Wasser, Luft oder Schmutz im Kraftstoff.	Siehe Punkt B
x	x	x	x		Defekte Einspritzdüsen.	Siehe Punkt C
	x		x		Leerlauf falsch eingestellt.	Siehe Seite 41
		x			Boot unnormal belastet, Bewuchs am Bootsboden.	Siehe Punkt D
		x	x		Beschädigter Propeller	Siehe Punkt E
				x	Kühlwassereinlaß oder Kühlmäntel verstopft, Pumpenrad oder Thermostat beschädigt.	Siehe Punkt F

Spezialwerkzeug

Teil-Nr.	Bezeichnung
884538	Dorn für Auspressen der Ventilführungen.
884559	Dorn für Einpressen der Ventilführungen.
884557	Dorn für Einpressen der Düsenhalterhülse
884541	Werkzeug für Ausbau der Düsenhalterhülse.
884537	Werkzeug für Ausweiten der Kupferhülse.
884551 + 884231	Ausbauwerkzeug für Zylinderlaufbuchsen. ACHTUNG! 884551 ist mit Schraube und Mutter von 884231 (MD21) zu versehen.
884560	Dorn für Ausbau der Kipphebelbuchse.
884497	Dorn für Einbau der Ventilgummidichtung.
884078	Abziehvorrichtung für Schwungrad und Antriebsflansch (Kurbelwelle).
884579	Ausbauwerkzeug für Ölfilter.

884543	Joch (zu Nippel, Teil-Nr. 838290).	
838290	Nippel für Verdichtungsdruckmessung.	
884607	Aufspannvorrichtung für Motorständer 9992520, Siehe Abb. 2.	
9992176	Einbauring für Kolben.	

Technische Daten

Allgemeines

	MD5A und B	MD5C
Typbezeichnung	MD5A und B	MD5C
Leistung (DIN)[1] bei 40 r/s (2500 U/min)	5,5 kW (7,5 PS)	
bei 50 r/s (3000 U/min)		7,4 kW (10,0 PS)
Zylinderzahl/Zylinderneigung	1 /45°	
Bohrung	84 mm	
Hub	80 mm	
Hubraum	0,443 dm^3	
Verdichtungsverhältnis bis Motor-Nr.1719	15:1	
ab Motor-Nr.1720	16:1	
Kompressionsdruck bei Anlasser-drehzahl (aufgeladene Batterie)[2]	20-22 kp/cm^2	
Drehrichtung, zum Schwungrad gesehen	Im Uhrzeigersinn	
Leerlaufdrehzahl	11,7-13,3 r/s (700-800 U/min)	

Zylinder
Auswechselbare Zylinderlaufbuchsen
Bohrung, Serienausführung .... 84,000-84,015 mm

Kolben

Höhe, insgesamt	77 mm	79 mm
Höhe von Kolbenbolzenmitte bis Kolbenboden	49,0-49,05 mm	49,97-50,03 mm
Kolbenspiel im Zylinder	0,081-0,114 mm	
Kolben erhältlich in Seriengröße	83,901-83,919 mm	

Kolbenbolzen
Durchmesser .... 25,996-26,000 mm
Kolbenbolzenbuchse, Durchmesser .... 25,999-26,004 mm
Spiel, Kolbenbolzen-Pleuelbuchse .... 0,001-0,008 mm

Kolbenringe
Verdichtungsringe, Anzahl 2
Ölabstreifring, Anzahl 1
Oberer Verdichtungsring mit Chromeinlage

Kolbenringspiel in der Nut, axial
Oberer Verdichtungsring .... 0,070-0,102 mm
Unterer Verdichtungsring .... 0,050-0,082 mm
Ölabstreifring .... 0,030-0,062 mm

Kolbenringspalt im Zylinder
Oberer Verdichtungsring .... 0,30-0,50 mm
Unterer Verdichtungsring .... 0,30-0,50 mm
Ölabstreifring .... 0,25-0,50 mm

Kurbelwelle
Axialspiel, Kurbelwelle .... 0,05-0,30 mm
Radialspiel, Kurbelwellenlager .... 0,040-0,096 mm
Radialspiel, Pleuellager .... 0,040-0,096 mm

Kurbelwellenlagerzapfen
Durchmesser, Serienausführung .... 53,987-54,000 mm
Untergröße 0,250 mm .... 53,737-53,750 mm
Untergröße 0,500 mm .... 53,487-53,500 mm

[1] Propellerwellenleistung gem. DIN 6270 Leistung B für Dauerbetrieb.
[2] Gemessen mit Moto Meter, Nippel 828290 und Joch 884543.

	MD5A und B	MD5C
Kurbelwellenlagerschalen		
Stärke, Serienausführung	1,968-1,980 mm	
Übergröße 0,250 mm	2,093-2,105 mm	
Übergröße 0,500 mm	2,218-2,230 mm	
Pleuellagerzapfen		
Durchmesser, Serienausführung	50,987-51,000 mm	53,99-54,00 mm
Untergröße 0,250 mm	50,737-50,750 mm	53,74-53,75 mm
Untergröße 0,500 mm	50,487-50,500 mm	53,49-53,50 mm
Pleuellagerschalen		
Stärke, Serienausführung	1,768-1,780 mm	1,988 mm
Übergröße 0,250 mm	1,893-1,905 mm	2,115 mm
Übergröße 0,500 mm	2,018-2,030 mm	2,242 mm
Pleuelstangen		
Axialspiel an der Kurbelwelle	0,05-0,20 mm	0,15-0,35 mm
Nockenwelle		
Axialspiel	0,54-0,82 mm	
Radialspiel im Lager	0,025-0,075 mm	
Nockenwelle, Durchmesser	39,975-40,000 mm	
Nockenwelle, Durchmesser	46,975 47,000 mm	
Hub der Nocken	5,8 mm	
Lager, Durchmesser	40,025-40,050 mm	
Lager, Durchmesser	47,025-47,050 mm	
Einlaßventile		
Tellerdurchmesser	34,9-35,1 mm	39,9-40,1 mm
Schaftdurchmesser	7,955-7,970 mm	
Ventilsitzwinkel	45,5° (Siehe Bild, Seite 24)	
Sitzwinkel im Zylinderkopf	45°	
Sitzbreite im Zylinderkopf	ca. 1 mm	
Ventilspiel, warmer Motor	0,30 mm	
Auslaßventil		
Tellerdurchmesser	27,9-28,1 mm	32,9-33,1 mm
Schaftdurchmesser	7,925-7,940 mm	
Ventilsitzwinkel	44,5° (Siehe Bild, Seite 24)	
Sitzwinkel im Zylinderkopf	45°	
Sitzbreite im Zylinderkopf	ca. 1 mm	
Ventilspiel, warmer Motor	0,35 mm	
Niederdrücken mit Dekompressionsvorrichtung (MD5C kann nicht eingestellt werden)	0,5 mm	
Ventilführungen		
Länge, Einlaßventil	52 mm	
Länge, Auslaßventil	52 mm	
Innendurchmesser	8,000-8,015 mm	
Höhe über der Federfläche des Zylinderkopfes	10,65-11,35 mm	
Spiel, Ventilschaft-Ventilführung, Einlaß	0,030-0,060 mm	
Spiel, Ventilschaft-Ventilführung, Auslaß	0,060-0,090 mm	
Ventilfedern		
Länge ohne Belastung	42,5 mm	
Belastet mit 170 N (17 kpm)	32 mm	
Belastet mit 300 N (30 kpm)	24 mm	

Schmieranlage

	MD5A und B	MD5C
Ölfüllmenge, Motor, ausschl. Filter	2,0 dm³	
Ölfüllmenge, Motor, einschl. Filter	2,1 dm³	
Ölqualität gem. API-Norm, Dieselschmieröl, Service ...	CD (DS)	
Viskosität über +10°C Volvo Penta CD-Öl Doublegrade	SAE 20W/30	
unter +10°C Volvo Penta CD-Öl Singlegrade	SAE 10W	
Öldruck, warmer Motor, Leerlaufdrehzahl	1,5-2,5 kp/cm²	
Öldruck, warmer Motor, Höchstdrehzahl	4,0-5,0 kp/cm²	

Ölfilter

Typ	Hauptstromfilter	

Ölpumpe

	MD5A und B	MD5C
Typ	Zahnradpumpe	
Feder für Reduzierventil:		
Länge unbelastet	40 mm	39,2 mm
1. Belastung	34 mm (25 N 2,5 kp)	26,25 mm (52 N 5,2 kp)
2. Belastung	31,5 mm (35 N 3,5 kp)	21,0 mm (74 N 7,4 kp)
Axialspiel der Zahnräder einschl. Dichtung	0,010-0,130 mm	0,02-0,12 mm
Zahnflankenspiel	0,15-0,35 mm	

Kraftstoffanlage

	MD5A und B	MD5C
Kraftstoffqualität: Autodiesel	Zetanzahl, mindestens 45	
Einspritzpumpe, Fabrikat Bosch	PFR 1 K70A/431/11	PFEIQ70V13955
Förderdruck	0,75 kp/cm²	
Düsenhalter, Fabrikat Bosch, Halter	KBAL 65	
Düse	DLLA150	
Bohrungsdurchmesser	4 St. 0,23 mm	
Öffnungsdruck (neue Düse)	185 kp/cm²	
Sprühwinkel	150°	
Voreinspritzwinkel	24-27°	24-25°
Einspritzmenge	30,5-31,5 mm³/Hub bei 20°C und 38,3 r/s (2300 U/min)	31,5-32,5 mm³/Hub bei 20°C und 46,7 r/s (2800 U/min)

Feinfilter

Typ	Spinon	
früh. Ausf.	Filterelement	

Förderpumpe

Förderdruck bei 42 r/s (2500 U/min)	0,65-0,85 kp/cm²	

Elektrische Anlage

	MD5A und B	MD5C
Batteriespannung	12 V	
Batteriekapazität (Anlasserbatterie)	Max. 70 Ah	
Drehstromgenerator, Höchstleistung	35 A (420 W)	50 A (600 W)
Anlasserleistung	0,81 kW (1,1 PS)	
Spezifisches Gewicht der Batterie-flüssigkeit:		
Aufgeladene Batterie	1,275-1,285 g/cm³	
Aufladung erforderlich bei	1,230 g/cm³	

Kühlanlage

Thermostat	Balgthermostat, VACHS-Thermostat ab Motor-Nr. 18374	
Beginnt zu öffnen bei	60°±2°	
Voll geöffnet bei	75°	

VERSCHLEISSTOLERANZEN

Zylinder (Laufbuchse)
Auswechseln bei Verschleiß .... 0,25 mm

Kurbelwelle
Kurbelwellen- und Pleuellagerzapfen
Zulässige Ovalität .... 0,06 mm
Zulässige Konizität .... 0,05 mm
Größtes Axialspiel der Kurbelwelle .... 0,36 mm

Nockenwelle
Lagerzapfen, zulässige Ovalität .... 0,03 mm
Größtes Spiel zwischen Nockenwelle und Buchsen ..... 0,15 mm

Ventile
Größtes Spiel zwischen Ventilschaft und Führung .... 0,16 mm
Mindestbreite der Ventiltellerkante .... 1,0 mm

Anzugsmomente
Zylinderkopfmuttern* .... 70 Nm (7 kpm)
Zylinderkopf-Stiftschrauben .... 20 Nm (2 kpm)
Schraube für Antriebsflansch der Kurbelwelle
  MD5A und B .... 80 Nm (8 kpm)
  MD5C .... 70 Nm (7 kpm)
Schwungradmutter .... 500 Nm (50 kpm)
Pleuelstangenschrauben .... 70 Nm (7 kpm)
Mitnehmer für Wasserpumpe .... 60 Nm (6 kpm)
Kurbelwellenlager .... 70 Nm (7 kpm)
Muttern für Düsenhalter .... 8 Nm (0,8 kpm)
Mutter für Handstartwelle (gewisse Ausf.) .... 45 Nm (4,5 kpm)

*ACHTUNG! Das Anziehen erfolgt in drei Stufen.
 1. Stufe: 10 Nm (1 kpm)
 2. Stufe: 40 Nm (4 kpm)
 Letzte Stufe: 70 Nm (7 kpm)

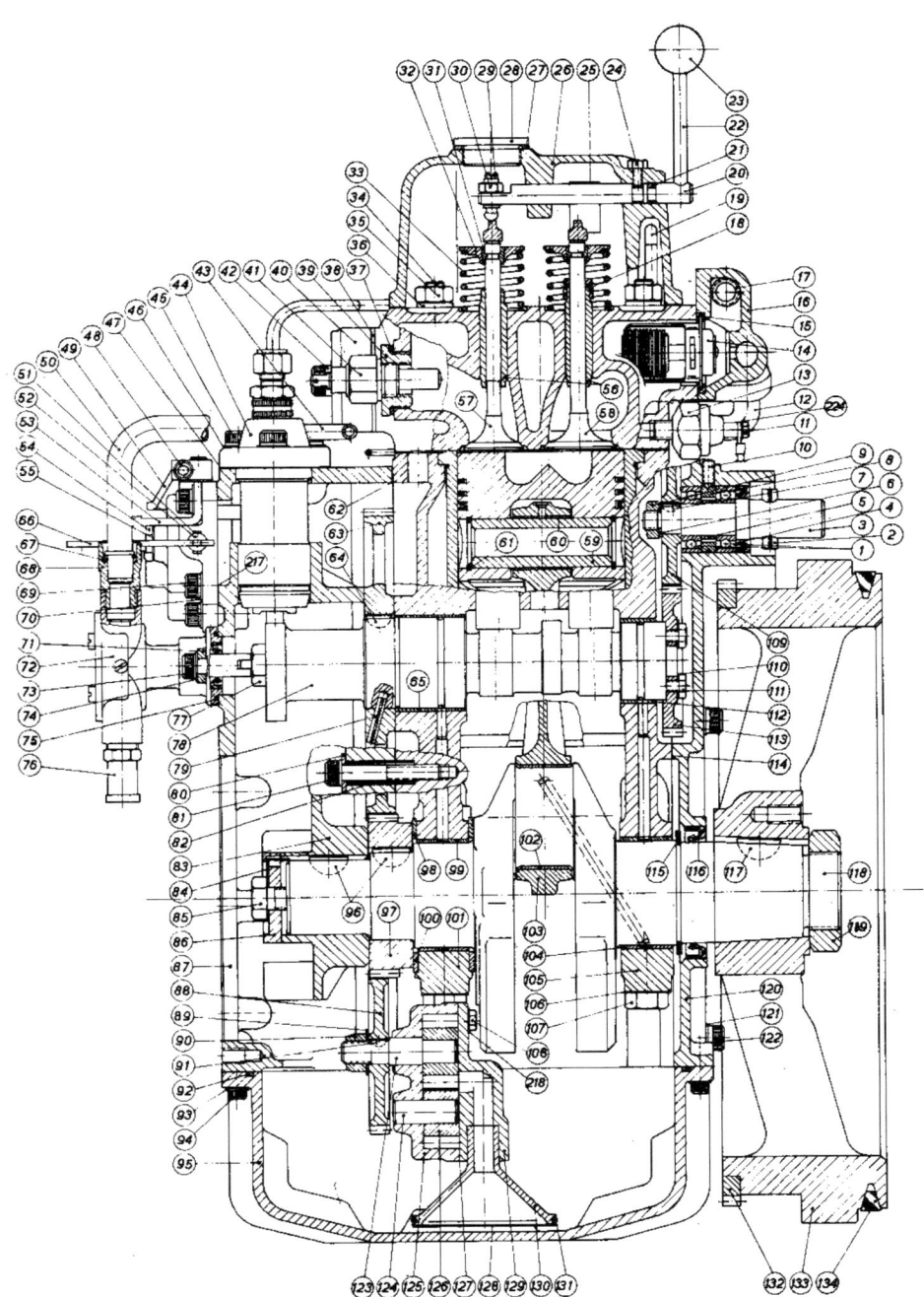

Längsschnitt MD5A und B

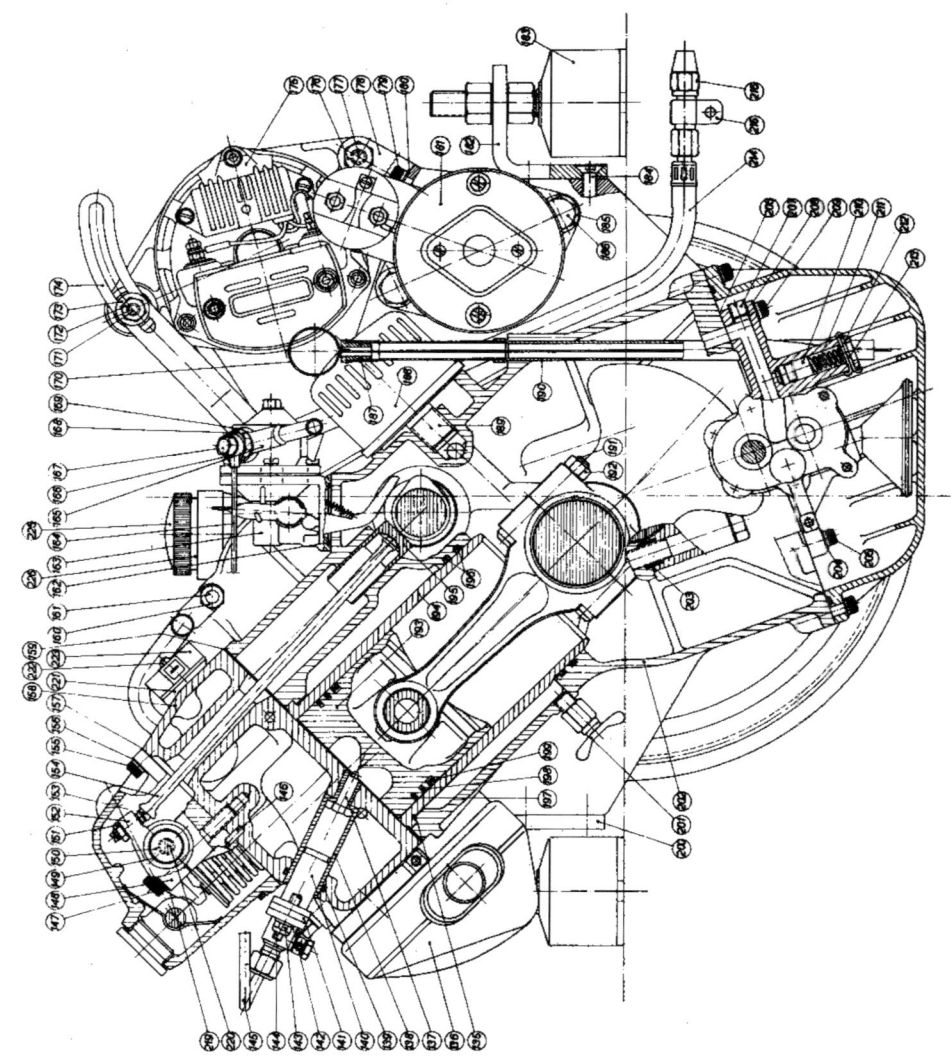

Querschnitt MD5A und B